EDAF

MADRID – MÉXICO – BUENOS AIRES – SAN JUAN

PIER CAMPADELLO

FENG SHUI
DEL AMOR

BOLSILLO ✦ EDAF

Título del original:
FENG SHUI DO AMOR

© De la traducción: ANTONIO CILLA ORTEGA.
Madras Editora Ltda.
© 2001. De esta edición, Editorial EDAF, S.A., por acuerdo con MADRAS
EDITORA LTDA. São Paulo (Brasil).

Editorial EDAF, S. A. Jorge Juan, 30. 28001 Madrid
http://www.edaf.net
edaf@edaf.net

Edaf y Morales, S. A.
Oriente, 180, n.º 279. Colonia Moctezuma, 2da. Sec.
C. P. 15530. México, D. F.
http://www.edaf-y-morales.com.mx
edaf@edaf-y-morales.com.mx

Edaf del Plata, S. A.
Lavalle, 1646, 7.º oficina 21
1048 - Buenos Aires, Argentina.
edafal1@interar.com.ar

Edaf Antillas, Inc.
Av. J.T. Piñero, 1594 - Caparra Terrace (00921-1413)
San Juan, Puerto Rico
forza@coqui.net

3.ª edición, septiembre 2002

Depósito legal: M. 33.333-2002
ISBN: 84-414-0903-X

PRINTED IN SPAIN   IMPRESO EN ESPAÑA

Closas-Orcoyen, S.L. - Pol. Ind. Igarsa - Paracuellos de Jarama (Madrid)

Índice

Prefacio

En realidad, se tienen pocas noticias sobre estudios de autores occidentales que hayan profundizado en los principios de la sexología tradicional china, cuya sabiduría ancestral intenta combinar, de forma sutil, el principal interés del hombre: alcanzar la felicidad suprema por medio del amor, disfrutando de una salud perfecta, en un ambiente de prosperidad.

Todas esas conquistas se pueden alcanzar siguiendo la práctica de los principios del feng shui, que derivan del taoísmo y que permiten llegar a una vida plácida y feliz, en la cual se combina lo racional con el romanticismo y la sexualidad, de una forma extremadamente saludable, exenta de traumas y aberraciones que afrontan los hombres occidentales moradores de las grandes metrópolis.

A primera vista, parece difícil separar la sexualidad del amor. Todo viene de un principio divino; se manifiesta en el hombre como una energía sublime que es siempre la misma, pero que produce diferentes efectos según la zona que es afectada. Así, cuando toca el cerebro se convierte en inteligencia racional; cuando toca el plexo solar se convierte en sentimientos, sensaciones y emociones; cuando toca el sistema muscular se hace movimiento, y cuando toca los órganos genitales se convierte en atracción sexual.

De esta forma, esa energía sexual que viene de muy alto, al pasar por los órganos sexuales produce diferentes sensaciones como excitación y deseo, que, la mayoría de las veces, están exentas de amor. Es una simple manifestación de los instintos, tal y como les sucede a los animales en las épocas de celos. El amor se da solamente cuando esa energía toca, a la vez, el corazón, el cerebro, el alma y el espíritu. En ese momento la atracción se sublima a través de las emociones que dejan de ser egoístas; son pensamientos basados en sentimientos que buscan una satisfacción mucho más profunda en la aproximación incondicional hacia alguien. Puede incluso poseer una cierta sensualidad; sin embargo, esta será sublime, altruista, superior, lo que llamamos amor.

De esta forma, un hombre o una mujer pueden amar a sus respectivos compañeros sin sentir atracción física entre ellos y desear, por encima de todo, que ellos sean felices, con éxito en todos los campos y con una salud perfecta. En otras palabras, el amor sucede cuando las personas no se limitan a sentir exclusivamente las sensaciones físicas elementales, sino que viven grados superiores de esa energía cósmica que los invade, armonizándose con las regiones celestiales a través de las cuales piensan en la felicidad del otro. No ahorran fuerza, tiempo o dinero, haciendo todo lo posible para que el otro se sienta satisfecho, se abra y desarrolle todas sus posibilidades. Son capaces de privarse de muchas cosas en beneficio del otro.

No existe gran diferencia entre la sexualidad y el amor en el plano físico y sus manifestaciones externas, pues los dos utilizan los mismos gestos, abrazos, besos, etc., dado que los estudiosos todavía no han descubierto lo que trasciende del acto de hacer ei amor al campo etéreo, fluídico y sutil; la diferencia consiste en la dirección de las energías a los planos invisibles, psíquico y espiritual. Así, cuando el hombre está impelido solamente por la sexualidad, no se preocupa de la otra persona; piensa solamente en su propia satisfacción, produciendo en los planos sutiles toda una serie de erupciones tipo «volcánico» que se manifiestan por medio de formas groseras, de colores y emanaciones pesadas. Miman y alimentan criaturas tenebrosas y poco evolucionadas que pululan en el plano astral, fortaleciéndolas de tal forma que pueden incluso perjudicar de forma considerable a la humanidad.

Sin embargo, si la persona está impelida por el amor y, sobre todo, piensa en hacer feliz a su compañero, se producen entre la pareja emanaciones sublimes de gran belleza. El intercambio de energías benéficas atrae a los elementos de la naturaleza, a los espíritus luminosos y a los ángeles que también necesitan alimentarse con energías más sublimes, de forma que, a través de esas energías producidas por la espiritualización del amor, se pueda preparar la vuelta del reino divino a la Tierra.

El autor describe de forma clara las diferentes técnicas para hacer el amor y generar esa energía sublime por medio de la práctica del feng shui del amor, que integra y forma parte del taoísmo, desarrollado por los ancestros chinos.

El ambiente ideal para realizar el feng shui del amor es la casa donde vive la pareja que, para ser ideal, necesita que se haga una armonización energética y una limpieza de sus ambientes, ampliamente descritas en esta obra a través de las técnicas del feng shui.

En esta obra, el autor aclara también la gran confusión creada por la desinformación en la literatura existente sobre la utilización correcta del «Baguá Original», proveniente del *I Ching*, y el «Ba-guá del Cielo Posterior», proveniente del tantrismo, de forma que si una persona los utiliza sin tener los conocimientos mínimos necesarios sobre tantrismo y pretende armonizar los ambientes de su casa con ese «mandala», este actuará (sin ella saberlo) en sus campos sutiles, activando y subiendo la energía «kundalini» de su cuerpo, cuyas consecuencias son incsperadas, corriendo de este modo un gran riesgo. Ahora bien, como explica el autor, cuando una persona tiene conocimientos sobre tantrismo y pretende usar el «Ba-guá del Cielo Posterior» para acelerar la subida de la energía «kundalini», podrá usar ese «mandala» conscientemente, porque, en realidad, se está desarrollando con ese objetivo.

El Cielo no ve las cosas del mismo modo que nosotros; allí no existe el «jeitinho brasileiro»[1], todo sucede de una forma justa y perfecta, juzgando

---

* «Jeitinho brasileiro», expresión muy usada en Brasil en situaciones en las que se quiere o se busca encontrar una salida, apañar o conseguir una solución que suponga algún tipo de dificultad o problema sea del tipo que sea. (*N. de la T.*)

según las leyes naturales que existen y castigando a aquellos que desconocen la existencia de esas leyes. Nosotros vinimos a este mundo con la obligación de evolucionar y aprender por medio de las experiencias, para cuidar nuestro cuerpo físico, que es nuestro templo, en el cual reside nuestro Yo Mayor o nuestro Dios Interior.

Recomendamos esta obra por la maestría y la cualidad de las informaciones que presenta, entendiendo que puede servir de guía y manual para todo aquel que desee seguir sus instrucciones, camino de su evolución.

Dianaha Maya

Capítulo I

Introducción y origen del feng shui, de la radiestesia y del feng shui del amor

El FENG SHUI es un arte milenario que deriva del *I Ching*, basado fundamentalmente en la filosofía taoísta, desarrollada desde la Antigüedad por los chinos, que consideraban el Tao como la fuerza primordial de la naturaleza. Sabemos que en el siglo VI a. de C., Lao Tse compilaba sus preceptos básicos en un libro pequeño llamado *Tao Te King*, que se convirtió en el libro más importante del mundo, pues del taoísmo derivan la mayoría de los métodos de cura, de los conceptos básicos y de las creencias que provienen de Oriente. Para participar de esa fuerza infinita, debemos ser y permanecer naturales, relajados, y a partir de esa filosofía natural de conservación, flexibilidad y prudencia se desarrolló el feng shui del amor.

El feng shui llegó a Inglaterra a principios del siglo pasado con los misioneros católicos, con los funcionarios del cuerpo diplomático inglés, de la Compañía de las Indias y de otras multinacionales inglesas instaladas en Oriente, difundiéndose rápidamente por toda Europa. Teniendo una gran aceptación, sobre todo, entre los investigadores alemanes, españoles, italianos y suizos, despertando mucho interés entre los científicos y médicos que estudiaron los principios de la filosofía del Tao, incluyéndolos en sus investigaciones, trabajos y ensayos.

Entre todos ellos destaca Carl G. Jung (*Collected Works,* vol. 3, pág. 203), que dice: «Las cosas del mundo interior nos llevan constantemente hacia la inconsciencia; por lo tanto, es esencial que cualquier persona que quiera progresar en su autoconocimiento objetive los efectos del ánima para poder comprender las manifestaciones provenientes de ella. De esta forma el individuo se adapta y se protege contra lo invisible, pues no podrá darse ninguna adaptación sin que se hagan algunas concesiones a los dos mundos, tanto al interior como al exterior. Manteniéndose siempre en equilibrio ante las llamadas de esos mundos y, en otras palabras, a los conflictos existentes entre ellos, surge lo posible y lo necesario. Nuestra mente occidental carece de cultura en este sentido, no consiguiendo todavía idealizar un concepto o incluso un nombre para la «unión de los opuestos en un punto intermedio», convirtiéndose así en un punto fundamental de la experiencia interior comparable al concepto chino de Tao».

También dice Jung que su técnica psiquiátrica es semejante a los objetivos alcanzados con los métodos chinos, haciendo la comparación de que él y los taoístas buscaban un camino para alcanzar una vida armónica. Y para ello, el feng shui del amor, que deriva del Tao, es fundamental.

Como vimos, el feng shui se basa principalmente en el taoísmo, que dicta una serie de reglas y procedimientos prácticos determinados por los antiguos sabios chinos, cuyos conocimientos fueron mantenidos de forma reservada entre los estudiosos de ese arte o «shinseng», que aplicaban el feng shui en beneficio del pueblo cuando sus servicios eran solicitados.

Pocos estudiosos occidentales llegaron a estudiar profundamente la sexología tradicional china que con su sabiduría combina lo racional con lo romántico. Los libros antiguos sobre el asunto son verdaderos tratados para orientar e instruir al pueblo sobre las diferentes técnicas que se pueden usar en la relación sexual, entre las cuales el punto alto es la mutua entrega, realizando fielmente, de acuerdo con la tradición, las diferentes posturas, de forma alegre, habilidosa, responsable y saludable, exenta de las aberraciones, perversiones del sadismo y del masoquismo patológicos que frecuentemente imperan en las culturas occidentales.

El taoísmo está entre las filosofías más antiguas del mundo y, aun así, por muy sorprendente que pueda parecer a los occidentales, encuentra las palabras apropiadas para explicar a los hombres y a las mujeres del mundo moderno algo de la sabiduría de la cultura china en lo que se refiere a asuntos polémicos como el amor y el sexo que, sin duda, es fruto de la más amplia sabiduría de los antiguos.

El punto álgido de las convicciones de los chinos es que no hay para ellos una línea divisoria entre el amor sacro y el amor profano, y, sobre todo, lo más importante es que las relaciones sexuales entre un hombre y una mujer sean ideales, alcanzando siempre la más amplia satisfacción.

De siempre, la gran mayoría de los hombres, incluso inconscientemente, odia a las mujeres por el simple hecho de que su constitución las dotó de una maravillosa vagina («yoni») que está siempre dispuesta a las solicitudes sexuales; sin embargo, el hombre necesita la erección del pene («phalus») para poder ser considerado macho. Por este motivo, siempre tendrá que admitir íntimamente la sensación de pavor ante la posibilidad de fallar en la hora «H» del contacto sexual.

La realidad es la desigualdad básica entre el hombre y la mujer, que nunca se podrá resolver. No se puede admirar, entonces, que los hombres hayan inventado el mito de la fragilidad, de la insuficiencia y de la inferioridad femenina. Sin embargo, hace miles de años los taoístas descubrieron la forma de remediar ese error por medio del «feng shui del amor», que en la actualidad está en proceso de divulgación por el mundo. Es una pena que esos conocimientos no hayan sido divulgados antes. Nuestra esperanza es que el presente libro contribuya a remediar ese hecho.

Los antiguos maestros taoístas se empeñaron en desarrollar un amor ilimitado por el universo y por todas las formas de vida que contiene; para ellos, cualquier forma de desperdicio y de destrucción estaba considerada como un mal que debía ser evitado. Así, buscan siempre los medios para disminuir la violencia, el abuso de poder y la destrucción, tan difundidos entre la humanidad, de forma que la historia del hombre es una interminable sucesión de guerras fratricidas causadas por motivos banales como las glorias de la conquista, la ambición de conseguir botines rentables o simplemente el poder de dominio.

La raíz de todos esos males, básicamente, está en el fracaso de los hombres y de las mujeres para alcanzar la armonía fundamental entre el *Yin* y el *Yang*. Esa armonía se puede alcanzar por medio del taoísmo, que nos aconseja el refinamiento del gusto, el vivir sano y el gozar con más plenitud las alegrías terrenales y celestiales, porque no exige que nadie renuncie a ninguna de sus alegrías y satisfacciones y tampoco excluye los deseos, la admiración de la belleza, de las formas, del sonido, del olor, del paladar, del tacto y, sobre todo, del amor carnal.

Para los taoístas no hay ninguna línea divisoria entre las alegrías terrenales y las celestiales, pues preconizan que se debe disfrutar de todas las cosas existentes en la Tierra que pertenecen al Universo (como manda Dios), considerando que no es posible solucionar los problemas del mundo sin un abordaje íntegro del sexo, cuya fuente es inagotable, tanto como el mismo universo.

El sexo, cuando existe la armonía del *Yin* y el *Yang*, es el manantial de la vida; cuando no es así, se instala la carencia del mismo, provocando la autodestrucción, la destrucción, la ambición desmedida, el poder, las posesiones, como consecuencia de la carencia de amor y sexo.

Hace más de tres mil años, los médicos taoístas ya escribían libros sobre el amor y el sexo, que no eran en absoluto libidinosos, sobre cómo hacer el amor; para ellos, el sexo era algo sublime, necesario para la salud física y mental, por lo tanto formaba parte del bienestar tanto de los hombres como de las mujeres. Debido a esa filosofía, se enfatizaban mucho las habilidades sexuales de las personas, haciendo de todo para incentivar el perfeccionamiento del arte sensual en el hombre. La producción literaria y artística de la época se dedicaba a ilustrar las técnicas sexuales, siendo de consenso general valorar al hombre que consiguiese disfrutar de frecuentes y prolongadas relaciones sexuales, más que si se trataba de uno que solo era atractivo, fuerte y joven.

Los médicos taoístas consideraban que hacer el amor formaba parte del orden natural de las cosas, de tal modo que el sexo debía ser disfrutado y saboreado para mantener un buen estado de salud, para alcanzar la longevidad a través de su práctica, dentro de ciertas normas. Así, fue creado el feng shui del amor, que deriva del taoísmo y que consiste en la práctica de diversos métodos con la intención de aumentar la competencia amorosa de las personas, incentivándolas por medio de pinturas explicativas, con el objetivo de instruir y al mismo tiempo excitar la imaginación de hombres y mujeres.

En la antigua China no existía la actitud que podemos observar hoy en los occidentales cuando se encuentran con ese tipo de grabados o fotografías eróticas, llamadas «pornográficas» y que, además, en muchos lugares, están severamente castigados por la ley. Los chinos abordaban el amor y el sexo con una actitud mental peculiar, en la cual se consideraba el acto sexual como parte del orden natural de las cosas, sin asociarlo jamás al sentimiento del pecado o de la culpa moral. Aliado con la ausencia de represión, este concepto de la vida sexual del antiguo chino formaba un conjunto con la vida saludable exenta de toda maldad patológica y de las aberraciones encontradas en otras culturas antiguas que tuvieron algún relieve.

Lo que sorprendió a Occidente cuando tuvo conocimiento, sin gran precisión de los detalles, de las técnicas del feng shui del amor, fue la actitud de este con relación al sexo y su concepto sobre el amor. La técnica presentada es bastante diferente de las maneras occidentales de comprender el sexo y el acto de amar, siendo en un principio fácilmente rechazada. Lo mismo había sucedido ya con la acupuntura, actualmente considerada una gran técnica analgésica. Hoy, los mismos médicos occidentales que la condenaban se admiran por los resultados alcanzados, de tal forma que muchos se empeñan en aprender sus secretos.

Los antiguos maestros chinos escribían sus estudios con un lenguaje florido y poético, exento de términos clínicos y técnicos; sin embargo, aun así, trataban con mucha seriedad el tema del amor y del sexo, pues los consideraban un aspecto importante de la medicina, del cual dependía la buena salud (mental y física) y la longevidad, y cuyos beneficios eran aún mayores que los placeres que propiciaban.

El feng shui del amor parece revolucionario incluso hasta hoy en día, pues sus preceptos se van aceptando cada vez más en función de los nuevos descubrimientos de los sexólogos y científicos occidentales modernos como los doctores Kinsey, Masters, Johnson, Hütte y otros. Si comparamos sus principios básicos, que son: el control de la eyaculación, la importancia de la satisfacción de la mujer y la comprensión del hecho de que el orgasmo masculino y la eyaculación no son, necesariamente, la misma cosa.

Muchas conclusiones de los antiguos chinos están siendo constantemente reafirmadas por la ciencia moderna, y es interesante señalar que las principales señales de la satisfacción de la mujer, según las investigaciones científicas realizadas por el doctor A. C. Kinsey, descritas en su libro *Sexual Behavior of the Human Female* (en el capítulo «Fisiología de la reacción sexual y el orgasmo»), son similares a las «cinco señales» que ya habían sido adoptadas en la China hace muchos años por los maestros del feng shui del amor, tal y como están registradas, en el tercer milenio a. de C., en un dialogo entre la consejera Su Nü y el emperador Huang Ti, de la siguiente forma:

Emperador Huang Ti: «¿Cómo puede un hombre reconocer la satisfacción de su mujer?».

Consejera Su Nü: «Hay cinco señales, cinco deseos y diez indicaciones. Todo hombre debe reconocer esas señales y reaccionar coherentemente. Las señales son:

1. El rostro de ella se ruboriza y las orejas están calientes, indicando que por su cerebro circulan, intensamente, pensamientos de hacer el amor. El hombre, entonces gentilmente y de manera provocadora, debe iniciar el coito con pequeñas penetraciones; a continuación debe esperar y observar las nuevas reacciones de la compañera.

2. La nariz de ella está sudando y los pezones de los senos endurecidos, indicando que el fuego del deseo está aumentando. La Punta de Jade (pene) puede proseguir hasta las profundidades del «Valle Propiamente Dicho» (aproximadamente 9 cm dentro de la vagina), pero no debe pasar de ahí. Antes de penetrar más hondo, el hombre debe esperar que el deseo de ella se intensifique.

3. Cuando la voz de ella baja de tono y emite gritos o sonidos como si su garganta estuviese seca y ronca, el deseo es más intenso. Los ojos se vuelven o se cierran, abre la boca mostrando la lengua, emite jadeos. Es el momento en que la Punta de Jade masculina puede entrar y salir libremente. Significa que la comunión ya se dirige, gradualmente, a un estado de éxtasis.

4. La «Esfera Roja» (vulva) de la mujer está abundantemente lubrificada, el fuego del deseo se aproxima un poco más y cada penetración hace que el lubrificante se desborde. La Punta de Jade masculina toca el valle de los «Dientes de la Castaña de Agua» (aproximadamente 5 cm dentro de la vagina). El hombre puede usar, libremente, el método de penetrar una a la izquierda, una a la derecha, una despacio, una lenta, una deprisa, hacer rotaciones o cualquier otro método.

5. Cuando el «Loto Dorado» femenino (los pies) se levantan, pareciendo abrazar al hombre, el fuego y el deseo llegan al clímax. Ella pasa las piernas alrededor de la cintura de él y con las dos manos se sujeta a sus hom-

bros y espalda. La boca permanece abierta, apareciendo la lengua. Estas son señales para que ahora el hombre pase a penetrar más hondo hasta alcanzar el «Valle de la Cámara Profunda» (hasta el fondo de la vagina). Esas penetraciones profundas harán que la mujer sienta una satisfacción de éxtasis en todo su cuerpo.

Los doctores Masters y Johnson, en su libro *Human Sexual Responses* (pág. 185 y ss.) y *Human Sexual Inadequancy* (capítulo 12), prescriben, para la corrección de la eyaculación precoz, que se hagan frecuentes interrupciones durante el acto sexual, usando un método que llamaron «la técnica del apretado», descrita más adelante. Recomiendan la prolongación del coito, permitiendo que la mujer tenga un espacio mayor de tiempo para que pueda alcanzar su satisfacción y al mismo tiempo para que su compañero adquiera un cierto aprendizaje sobre el control gradual de la eyaculación. La técnica de controlar la eyaculación está casi por completo de acuerdo con los antiguos textos chinos sobre el feng shui del amor, que enseñan, de una manera efectiva, cómo se debe proceder para adquirir y perfeccionar ese tipo de control.

Estos científicos fueron también los primeros investigadores occidentales que defendieron la importancia de la práctica del acto sexual en el cual la pareja trata de retrasar el mayor tiempo posible la eyaculación masculina. Según ellos: «Los hombres deben aprender a contener y a retrasar la eyaculación hasta que su pareja haya alcanzado la satisfacción plena».

Una de las conclusiones más sorprendentes de las investigaciones de Masters y Johnson es la afirmación de que los hombres no tienen necesariamente que eyacular cada vez que hacen el amor, especialmente cuando estos tienen más de 50 años de edad. Para ellos, este punto es de fundamental importancia, afirmando que, siguiendo ese consejo, «el hombre se convertirá, potencialmente, en un compañero sexual con más eficiencia». Así, coinciden totalmente con el feng shui del amor que desarrolla ese aspecto con mucha profundidad.

El médico Li Tung Hsüan, director de una clínica médica en la ciudad imperial de Ch'ang-an, escribió en el siglo VII, en el libro *T'ung Hsüan Tzu* (capítulo 12) que: «Todo hombre debe cultivar la habilidad de dilatar la eyaculación hasta que la compañera de amor esté completamente satisfecha; de la misma forma, debe determinar y descubrir su frecuencia de eyaculación ideal, que no debe ser superior a tres veces en diez coitos». Otro médico, Sun S'sû Mo, también del siglo VII, afirma que a partir de los 40 años el hombre debe poner mucha atención para no eyacular. Esta es la edad límite.

La mayoría de los textos del antiguo taoísmo y las referencias del feng shui del amor alertan, de un modo general, que el hombre después de una cierta edad (en torno a los 50 años) debe evitar eyacular para garantizar su salud y la longevidad de su cuerpo físico. Así también, los antiguos predicaban que la eyaculación y el orgasmo masculino no son la misma cosa; tal es así que eyacular menos veces no significa que el hombre esté sexualmente incapacitado, ni que su placer sexual sea menor, pues considerar la eyaculación como el «clímax del placer» es solo una cuestión de costumbres que según ellos es perjudicial para la salud.

Los sexólogos definieron la curva de la satisfacción de la mujer, verificando que esta, durante la relación sexual, necesita un ciclo más largo que el hombre para alcanzar el orgasmo, exigiendo que el hombre mantenga la erección del pene durante un tiempo más prolongado, y esto se hace bastante difícil para él si no tiene un entrenamiento previo adecuado. El hombre alcanza el primer nivel de excitación por procesos eróticos visuales sensitivos que consiguen el «clímax» de una forma muy rápida y luego, a continuación, pasa al segundo nivel, que consiste en la realización de su excitación, o sea, la eyaculación. Después de esta, el hombre queda fatigado, con los miembros inertes y duros; el cuerpo se siente acometido por un cansancio indefinible, los oídos pueden zumbar, los ojos están pesados, sobreviniendo una intensa sensación de sueño. Sin embargo, según los sexólogos, no existe ninguna explicación fisiológica aceptable para justificar esa observación clínica.

El feng shui del amor solamente puede realizarse en ambientes armónicos, obtenidos por medio de rastreo radiestésico que detecta las energías telúricas negativas, eliminándolas. Después, con los ambientes «limpios» se procede a la armonización de la casa por medio del feng shui, como describiremos más adelante.

No obstante, el hombre vive en medio de emanaciones, ondas o rayos de toda especie que lo atraviesan continuamente, su conciencia está atenta a las cosas que le afectan directamente los sentidos, no percibiendo estas radiaciones. Los sentidos captan las ondas de la luz, del sonido, etc., dentro de una limitada escala vibratoria, siendo insensibles a las vibraciones existentes por encima o por debajo de esa escala. El sonido de la cuerda baja de una guitarra, por ejemplo, al ser pulsada, produce 32 vibraciones por segundo en una frecuencia perfectamente audible. No oiremos, sin embargo, el sonido de una cuerda que produzca solamente cuatro vibraciones en ese mismo espacio de tiempo. De la misma manera, no oiríamos 50.000 vibraciones en un segundo, pues nuestra escala audible (que varía de un individuo a otro) llega aproximadamente hasta 32.000 vibraciones por segundo. Algunos animales, como los cachorros por ejemplo, tienen un alcance auditivo mucho más elevado que el nuestro, pudiendo oír en una frecuencia por encima de las 40.000 vibraciones por segundo, por lo tanto oyen sonidos que para nosotros no existen.

Otras frecuencias vibratorias diferentes de las del hombre las usan normalmente algunos animales a través de los sentidos. La vista telescópica de las aves de rapiña, el finísimo oído de los gatos y otros felinos, el olfato y el oído de los perros, el mirar de las lechuzas para las cuales no existe la oscuridad, constituyen algunos ejemplos de lo que afirmamos. Podemos mencionar otras facultades propias de algunos animales que sobrepasan los meros sentidos, por ejemplo, las palomas mensajeras, que pueden ser consideradas radiestesistas naturales, que captan, a través de un rayo de orientación, la localización de su nido, y cuando se sueltan, a muchos

kilómetros de distancia, vuelan hacia él en línea
recta. Los murciélagos, que posen un radar natural
que les permite desviarse de cualquier objeto en la
oscuridad. Con las abejas y otros insectos sucede lo
mismo, pues poseen antenas emisoras y receptoras
de mensajes a través del éter, percibiendo también
las vibraciones de peligro o de situaciones anormales
y extrañas. Muchos otros animales de mayor porte
poseen, igualmente, la telepatía y otras facultades
instintivas.

En el hombre, los sentidos captan una pequeña
franja de frecuencias, aunque una gran parte de
estas pasan desapercibidas para nosotros; nos parece
que simplemente no existen, a pesar de que los efectos benéficos o maléficos que producen acaben
manifestándose en nuestro cuerpo físico o psíquico,
provocando diferentes tipos de enfermedad.

Algunas personas consideradas hipersensibles
pueden percibir con mayor facilidad determinadas
frecuencias vibratorias fuertes, llegando a tener esca-
lofríos, choques parecidos a los eléctricos, malestar y
otras manifestaciones físicas, al sentir las frecuencias
vibratorias provocadas por las radiaciones de frecuencia que vibran en franjas consideradas maléficas
para nuestra salud. Un ejemplo de esto son los materiales radiactivos, de los cuales nuestro cuerpo no
soporta, prácticamente, ninguna exposición.

Ha sido comprobado que la sensibilidad con la
radiestesia puede desarrollarse después de un prolongado manoseo del péndulo o de las horquillas,
llegando al caso de viejos radiestesistas que, a veces,
prosiguen en sus búsquedas incluso sin los péndulos,
pero estos casos son raros.

Los efectos de las radiaciones en nuestro orga-
nismo pueden ser benéficos (RB), maléficos (RM) o
neutros (RN), siendo estos últimos los que nos afectan con mayor intensidad. Cuando las radiaciones
son benéficas, producen una sensación de bienestar
físico y equilibran el campo del aura, despiertan emociones y pensamientos altruistas elevados; mientras
que las radiaciones maléficas causan desequilibrio
del campo del aura, irritaciones nerviosas, malestar,
insomnio y hasta enfermedades graves, para las cuales la medicina convencional no ha encontrado una
solución satisfactoria. Entre estas tenemos: la artritis,
la diabetes y el cáncer.

El más ilustre científico que investigó los principios físicos de la radiestesia fue el Premio Nobel
Alexis Carrel, del Instituto Rockefeller, que se dedi-
có durante más de 45 años a su estudio, proclaman-
do abiertamente: «El médico debe detectar en cada
paciente las características de su individualidad, la
resistencia a las causas de las enfermedades, su sensibilidad al dolor, el estado de todas sus funciones
orgánicas, su pasado tanto como su futuro. Debe
mantener un espíritu abierto y libre hacia ciertos
métodos no ortodoxos de investigación. Y debe
recordar, en este caso, que la radiestesia es digna de
la más seria de las consideraciones».

El poder del péndulo significa el reconocimiento
y la revelación de antiguos poderes adivinatorios de
sacerdotes y sabios que en aquel tiempo los revestían
con un halo de misterio y, por eso, estos conocimientos fueron cuidadosamente guardados. Pero al reve-
larse para un mayor número de personas, su acceso se
hizo más fácil, debido a la caída de las barreras pro-

vocada por las muchas investigaciones de cuño científico, proporcionando una serie de informaciones precisas que pudieran beneficiar de forma significativa la vida de las personas, previniendo posibles enfermedades o influencias energéticas negativas, ayudándoles a tomar providencias en las situaciones anormales presentes, corrigiendo los desvíos, eliminando dudas en la toma de decisiones, mejorando la calidad de vida y de trabajo y contribuyendo a la valorización de la misma vida humana.

Hoy en Europa (especialmente en Francia y en Alemania), en los EE.UU., en Canadá y en algunos países de América del Sur hay médicos que completan su conocimiento con la radiestesia, reuniéndose en sociedades, demostrando, así, por el alto concepto con el que abordan sus posibilidades, que es un valioso auxiliar en el diagnóstico médico, sobre todo, en la prevención de las enfermedades.

Entre los chinos, el feng shui está considerado un arte, para otros una ciencia, pues el método posee sus características peculiares de investigación con las que se determinan la existencia de anomalías energéticas en las personas y en sus residencias, lugares de trabajo, jardines, terrenos y otros lugares específicos situados en ríos, valles y montañas.

Al utilizarse el feng shui para determinar la influencia de las mejores condiciones energéticas en las personas y cuáles son los ambientes propicios para ellas, se puede determinar la localización y distribución adecuada de los muebles, el uso de los colores y de la decoración de una casa o de un despacho. Para obtener esa definición, en primer lugar se deberá hacer una exhaustiva pesquisa radiestésica en todos los ambientes de la casa para localizar las corrientes energéticas llamadas genéricamente energías «telúricas», verificando, también, los tipos de influencia positiva o negativa que ejercen en las personas y en el lugar, así como su localización exacta, su forma y la dirección de su circulación.

En general, estas energías funcionan de la misma forma que el cuerpo humano, en el cual los órganos internos mantienen entre sí una estrecha relación, pudiendo sufrir la influencia externa de las energías que lo rodean, interfiriendo, en el campo bioenergético, de tal forma que pueda aceptar o rechazar la influencia energética de los objetos externos. Cada objeto de uso personal, como son las ropas y los adornos (metales, piedras, productos sintéticos), posee su propio campo energético debido a sus colores, su composición química, la imantación natural provocada por el biomagnetismo derivado del contacto y manoseo de otras personas, etc. También podemos estar influenciados, energéticamente, por objetos de uso interno como los metales implantados en el cuerpo (obturaciones dentales, clavos y placas metálicas en los huesos), alimentos, medicamentos, etc.

Los que toman en serio los estudios geománticos, sobre todo en el área terapéutica, se darán cuenta que pueden disponer de un poderoso instrumento para investigar las energías vitales que son el sustentáculo del hombre. Este conocimiento se puede considerar como la punta de un iceberg, que termina llevando al estudioso a interesarse por el estudio de las fuentes de otras energías importantes para la manutención de la vitalidad del hombre, tales como:

la acupuntura, la aerofitoterapia, la terapia con arcilla, el cinquatsu, la cosmoterapia, la cristaloterapia, la cromoterapia, el do-in, las flores de Bach, los oligoelementos florales brasileños, la helioterapia, el masaje psíquico, la músicoterapia, la piramidoterapia, la quiropráctica, el shiatsu, etc.

El feng shui y la radiestesia fueron acogidos por científicos integrados en una nueva ciencia llamada Geobiología, que tuvo un gran desarrollo en varios países europeos, sobre todo en Alemania y Suiza, donde se fundaron institutos para la investigación y estudios geománticos. Entre los principales están: el Instituto Hartmann en Heidelberg (Alemania), el Institut de Recherches Geobiologiques en Ginebra (Suiza), el Institut de Recherches en Geobiologie en Chardonne (Francia), el Centro Mediterráneo de Estudios Geobiológicos en Benicarló (España) y otros centros en Dinamarca, Inglaterra, Italia, etc.

Desde el inicio del siglo XX, la mayoría de los visitantes occidentales que estuvieron en China asimilaron algunas de las costumbres locales y conocieron algunas de las tradiciones chinas, comprobando que la radiestesia, que se iniciaba en aquella época en Europa, ya la usaban los chinos desde hacía miles de años con la denominación de feng shui: el compendio de la sabiduría de sus ancestros, el resumen de antiguos conocimientos como resultado de largos periodos de profundos análisis y observaciones sobre la relación entre el hombre y la naturaleza, cuya esencia expresa la relación armoniosa entre el ser humano y su hábitat. Una de las ramificaciones del feng shui es el feng shui del amor, también considerado como un sistema de realización personal, funcionando hoy de la misma manera que en los primordios de esa magnífica civilización china.

La convivencia de los extranjeros con los chinos practicantes del feng shui del amor les posibilitó tener informaciones sobre su práctica y principios, que podrían modificar la visión del mundo, de las personas y de sus relaciones íntimas. Al mismo tiempo, aprendieron las técnicas del feng shui para aplicarlas en los lugares donde habitaban, mejorando el ambiente del hogar, las relaciones con las otras personas y, en algunos casos, hasta poder prever el futuro o afectar radicalmente su estilo de vida.

El arte del feng shui puede ser considerado inconsistente para nosotros occidentales, porque estamos acostumbrados a las grandes conquistas tecnológicas, frutos de investigaciones ejecutadas por modernos centros tecnológicos y renombrados laboratorios de multinacionales que, en general, disponen de enormes recursos financieros y amortizan los gastos de esos estudios con la comercialización de sus descubrimientos. En China no es ni mucho menos así. Cuando se pretende alterar cualquier aspecto referido a la vida, a las costumbres, a la comodidad de las personas, siempre se mantienen los métodos tradicionales y el cumplimiento de los principios filosóficos. Por esta razón, el enfoque tecnológico para la evolución de sus ciencias naturales y los descubrimientos científicos se desarrollan dispensando el uso de cualquier instrumento usado normalmente en Occidente, como disecar cuerpos de animales o realizar experiencias y análisis de sustancias químicas u orgánicas. Los sabios de la antigua China utilizaban para sus experiencias prácticas una gran dosis de paciencia, observando cuidadosamente los fenómenos de la naturaleza, que eran debidamente registrados en meticulosas anotaciones, relatando los resultados de sus observaciones. De esta forma crearon una ciencia que reúne la conciencia interior con las antiguas tradiciones, valorando especialmente las fuerzas de la naturaleza.

El feng shui del amor funciona porque por los meridianos de nuestro cuerpo corre una *energía vital* que también actúa fuera de él, llamada tradicionalmente por los orientales *Ch'i*. En su aspecto negativo se llama energía *Sha*. Las dos energías existen por todas partes. Estamos sumergidos en ellas y, sabiendo manipularlas, podemos aprovecharlas, modificando sus características en nuestro beneficio, mejorando nuestras condiciones de vida, sobre todo nuestras relaciones cotidianas; a veces es suficiente con distribuirlas de forma correcta, reorganizando las habitaciones, el mobiliario y la decoración de nuestra casa de acuerdo con los principios del feng shui.

Los estudiosos actuales de los conceptos tradicionales chinos del feng shui mantienen los principios propuestos por los ancestros, que, después de milenios de observaciones y experiencias, obtuvieron resultados muy positivos en la aplicación de esos conceptos, sobre todo en la orientación física del proyecto de las casas, así como la disposición de los muebles. Esto, según verificaron, influye realmente de forma positiva o negativa en las personas, contribuyendo a crear ambientes que puedan calmar, estimular, relajar, como también irritar o enfermar a sus habitantes, y, por último, dar un toque final con el feng shui del amor.

El simple hecho de cambiar los muebles de lugar, distribuir la decoración de otra forma o cambiar los colores de los adornos de las paredes puede ser muy positivo y hacer disminuir inconvenientes como, por ejemplo, problemas económicos, de relación, de pareja y hasta de salud, que pueden ser atribuidos a la casa, incluso cuando se ignoran los principios del feng shui.

Otros factores que pueden influir positiva o negativamente en una casa y en sus habitantes son: la localización, la posición en el barrio, el ambiente creado por la posición de las construcciones vecinas o de la misma naturaleza como valles, colinas, ríos o calles que la rodean y que pueden canalizar o alejar el flujo de las energías vitales del *Sha* en su dirección.

Capítulo II

Instrumentos radiestésicos

EXISTE UNA INFINIDAD de aparatos radiestésicos, sin embargo consideramos más útiles e importante los que describimos a continuación:

2.1. Horquillas o varitas (dual roads)

La horquilla consiste en una vara fina y flexible cortada en forma de horquilla, normalmente de madera de avellano, mimbre, etc.; se deben evitar las maderas resinosas y los saúcos. Pueden ser también dos varitas unidas en una de las extremidades por un hilo de lino, cáñamo, algodón, etc., con un largo de 30 a 35 centímetros.

Las varitas se pueden construir de metal, siendo las más usadas las de acero, de cobre o de latón. En el caso de las horquillas de metal, se pueden hacer de un solo alambre doblado de tal forma que facilite su uso, y en el caso de las varitas metálicas, estas se hacen por separado, para usar una en cada mano, puesto que las más sensibles se fijan encima de rodamientos.

Existen varitas radiestésicas más sofisticadas, en las cuales se enrolla un alambre de cobre o de acero en espiral. Se pueden pintar también con diferentes colores con el fin de aumentar su sensibilidad.

Prácticamente la sensibilidad de las varitas es la misma, pudiendo usarse un simple radio de rueda de bicicleta doblado a $90°$, tomando la precaución de dejar la bolita para abajo (para obtener el efecto de forma) y colocar la otra punta en un bolígrafo usado del que se ha quitado la tinta.

El uso de las varitas es muy simple. Basta tomar una en cada mano, con los brazos estirados hacia delante, manteniéndolas en una posición horizontal de modo que giren en ese plano. Se debe mantener también la mano derecha un poco más alta que la izquierda para que las varitas puedan girar cada una en su plano horizontal, sin interferir la una con la otra.

2.2. Péndulo

Existe una infinidad de modelos de péndulos con testigos y sin ellos, hechos de materiales como cristal, metal, madera, plástico, marfil, etc.; sin embargo, el único péndulo que aprobamos, de acuerdo con nuestras pesquisas, para aplicar nuestro método, es el péndulo neutro, hecho de madera con un hilo de nailon con seda que se puede calibrar según los colores del espectro.

Para calibrar el péndulo se coloca una pieza de color (del color que se quiera calibrar el péndulo) debajo de este, «manteniendo» el cordón de una forma ligera entre las yemas de los dedos índice y pulgar de la mano derecha. En el punto exacto donde empieza a girar, en el sentido de las agujas del reloj, se hace un nudo que corresponde al color probado, convirtiéndose así el péndulo en un aparato que puede medir las frecuencias vibratorias análogas a las de los colores del espectro.

El péndulo generalmente parte de un estado de reposo inicial, después presenta algunas oscilaciones y balanceos que en breve se transforman en rotaciones, adquiriendo un máximo de estabilización, dando una serie de giros, seguidos de una breve parada para después repetir los giros, y así continuamente. Ese número de giros forma las llamadas «series», que son constantes para cada objeto o individuo.

La radiestesia se sirve de las leyes físicas conocidas; sabemos también que el péndulo funciona como un brazo de una palanca que crea un «momento de fuerza» en el cual la masa del péndulo sería el «apoyo», el hilo es el «brazo» que, en conjunto, funciona como un amplificador que transmite a nuestro cerebro las frágiles vibraciones energéticas de los cuerpos observados.

2.3. Péndulo hueco para meter testigos dentro

Es un péndulo especialmente preparado que tiene una cavidad interior que permite colocar pequeñas cantidades de materiales, pedacitos de metal u otros objetos que radiestésicamente funcio-

nan como testigos, cuyo objetivo es identificar objetos o metales similares. Así podemos reconocer, a
través de un péndulo hueco y una pequeña muestra
de un metal ya conocido, una pieza mayor o un filón
de un metal desconocido, su localización y presencia, así como saber su composición química y sus
porcentajes.

Si se colocan dos objetos de composición y masa
iguales, separados por una distancia de 40 centímetros, y se pasa el péndulo entre ellos, este girará posi-
tivamente a lo largo de la línea que une las dos muestras y dejará de girar, exactamente, en el medio de
esa línea que une los dos cuerpos. Si uno de ellos
tuviera la masa mayor que el otro, el péndulo dejará
de dar giros proporcionalmente al punto más próxi-
mo al objeto que tuviera menor masa. Si entre estos
dos cuerpos pasamos la punta de una horquilla, esta
dará una sacudida.

2.4. Aparatos y artefactos correctivos usados en el feng shui

En Brasil existen a la venta numerosos elementos que normalmente se usan en los países
donde se aplica la geobiología para corregir las
fallas o influencias energéticas negativas que pueden darse en las casas o en las personas. Las casas
especializadas que suministran estos materiales
hacen divulgación de sus productos en las revistas
de esoterismo como *Amaluz, Vialuz, Planeta.* Estos
elementos correctivos por su función pueden ser
clasificados en:

1. **De uso personal o decorativo,** y entre ellos tenemos:

   - **Palmatorias con apagavelas y velas:** usados para muchos fines, construidos de diferentes materiales y dimensiones.

   - **Elementos sonoros:** la campana «Temple bells», las campanas de los vientos, las campanas eólicas, las campanas de cristales, la campana tailandesa de uno y tres tubos, la campana de los ángeles, etc.

   - **Incensarios, quemador de esencias y diferentes clases de inciensos:** importados o nacionales, para armonizar los ambientes.

   - **Mandalas:** chinos (*ba-guá*), egipcios, hindúes y tibetanos. Construidos en diferentes tamaños y con diversos materiales como piedra, latón, cobre, madera, etc.

   - **Pantáculos:** son medallones con grabados en altorrelieve con el cometido de dar al usuario o al ambiente protección, fortuna, salud, amor, prosperidad, sabiduría, emoción y unión mística a las jerarquías superiores (Tetragrámaton, nombre místico de Jesús (Ioshua), cruz Ansata, símbolo del OM, Ojo de Orus, estrella de cinco y seis puntas, símbolo del Sol y de la Luna, emisor radiónico «Andrés Philipe»).

   - **Portacristales y bolas de cristal:** construidas en varios tamaños y con diferentes materiales, como cristal, piedra, latón, cobre, madera, etc.

   - **Pulseras, anillos, pendientes, botones y medallas,** con los motivos mencionados anteriormente, pulsera radiónica con el símbolo de

Luxor, pulseras magnéticas, anillos atlantes y tibetanos, alianzas con los símbolos del Yin-Yang, Om, runas, escarabajo, etc.

2. **De uso cromoterapéutico,** y entre estos tenemos los llamados:

   - **Cristal flux:** es un dispositivo que posee un cristal acoplado en un bastón (bastón atlante) o en una base, con un filtro de color que soporta un cristal que se puede iluminar con el color deseado (cambiando el color del filtro).

   - **Proyector cromoterapéutico:** es una lámpara con un foco que posee un filtro de color para producir el color deseado, basta cambiar el color del filtro.

3. **Otros elementos correctivos,** entre los que están:

   - **Pirámides:** de numerosos tamaños y materiales variados. Las más populares son de chapa de latón pulido con diseños egipcios grabados; de chapa; de cobre; de chapa de aluminio pintado de diferentes colores; de aristas de latón, cobre o aluminio, montadas o desmontables; de madera, de cartón o de cristal tallado (cuarzo, amatista, topacio, etc.).

   - **Cristales en la naturaleza o tallados:** la función es crear una egrégora que transmute las energías densas o negativas localizadas en puntos específicos de un determinado ambiente.

Capítulo III

Bases teóricas del feng shui, el «Dragón Azul» y el «Tigre Blanco»

3.1. Generalidades

LOS ANCESTROS CHINOS representaron las dos fuerzas *Yin* y *Yang* por medio de un símbolo parecido a dos gotas idénticas, una negra y otra blanca, entrelazadas dentro de un círculo. De esta armonía surgió el feng shui, que desarrolló sus principios para establecer la armonía entre los seres humanos y su ambiente; los antiguos sabios observaron también que esas fuerzas son universales y funcionan en cualquier lugar, siempre que se mantengan sus principios.

Estos antiguos sabios, después de pacientes observaciones, concluyeron que la energía *Ch'i* se desdoblaba en dos formas que llamaron *Sheng Ch'i* o «*Ch'i energético*», considerado *Yang*, que fluye naturalmente en el periodo que va desde la medianoche hasta el mediodía, cuya fuerza activa se manifiesta sobre todo durante la primavera y el verano, y el *Ssu Ch'i* o «*Ch'i estacionario* o *letárgico*», considerado *Yin*, que fluye naturalmente desde el periodo que va desde la tarde hasta la noche, cuya fuerza activa se manifiesta sobre todo durante el otoño y el invierno. De esta forma, el *Ch'i* puede influir, más o menos, en los ambientes y en las personas a través del *feng shui* en función de la época en que se usa, pero su acción será más intensa en la primavera y en el verano, épocas consideradas por los sabios como las más propicias para transformaciones importantes de la vida como mudanzas, reformas y, en especial, la construcción de las casas.

Estos sabios también dicen que se podrán alcanzar los máximos beneficios energéticos cuando una construcción se realiza en un terreno cuya formación geográfica se presente ligeramente inclinada, sobre todo en el punto de confluencia de dos montañas o colinas, teniendo en cuenta que la montaña del Este (en el hemisferio Sur es el Oeste) debe ser un poco más alta que la otra, en el Oeste (en el hemisferio Sur es el Este), pues, según ellos, esos lugares son puntos de encuentro de las corrientes magnéticas formadas por las fuerzas positivas del Yang y negativas del Yin que llaman el «Dragón Azul» y el «Tigre Blanco».

En la tradición china, el dragón está considerado superior al tigre. Por eso, la colina del este, o del dragón, necesita sobresalir sobre la del tigre, siendo más alta y más accidentada que la vecina. Según estos criterios (que en el hemisferio Sur son los contrarios), la formación de la colina del dragón debería estar situada a la izquierda del tigre (quien mire de frente, el Norte quedará en la unión de las dos), y, en el caso en que las dos colinas tuvieran una continuidad, esa formación simbolizaría el aparejamiento de los dos animales, por lo tanto, sería considerada todavía más positiva.

Según los antiguos sabios, el feng shui se basa principalmente en la alianza simbólica del dragón y el tigre, que se comparan con la parte superior e inferior del brazo del hombre. La parte anterior del codo es el lugar más propicio para captar los mejores fluidos energéticos, siendo considerado el punto de máximo flujo posible de energías dirigidas por los vórtices de energía canalizados por el dragón y el tigre. Es el punto ideal para la construcción de una casa o de un edificio en el cual las personas disfrutarán de las influencias benéficas del feng shui.

Otro factor importante es la orientación en la cual la casa se debe construir. De acuerdo con las recomendaciones del feng shui, debe tener la entrada situada al Sur (en el hemisferio Norte) y hacia el Norte (en el hemisferio Sur) para que la fuerza *Ch'i* se pueda aprovechar en su potencial máximo. Para localizarla, los chinos usaban la brújula llamada *Luopan*, que apuntaba siempre hacia el Sur (porque ellos están en el hemisferio Norte); lo que realmente interesa saber es dónde queda el Norte, y para ello podemos usar una brújula común.

La *Luopan* es una brújula común, que tiene una aguja fijada encima de una placa de madera redonda barnizada para representar el Cielo, y la base de madera, que representa la Tierra. En el centro hay una pequeña aguja magnetizada imantada que gira libremente, con una punta roja conocida como el «Lago del Cielo» que apunta siempre el Sur. Está dividida en tres franjas centradas en torno a la aguja imantada; más tarde con la evolución del instrumento se añadieron otras franjas, de tal forma que hoy podemos encontrar este aparato hasta con 38 franjas. Fuera de la China, la *Luopan* más común posee ocho franjas concéntricas, en las cuales se diseñan diferentes caracteres y símbolos chinos, en negro y rojo, incrustados en una depresión de la base que consiste en un bloque de madera. Pero el aparato en sí se usa poco por los modernos «xiansheng», mencionándose solamente a efectos históricos y usado en algunas prácticas avanzadas del feng shui.

Según las antiguas tradiciones, los ancestros de los chinos ocupaban el «Reino Central» de la Tierra, la cual recibía el calor y las fuerzas positivas del Sur; así, de forma natural, alinearon sus brújulas en esa dirección. La mayoría de las montañas nevadas más altas (los Himalaya) quedaban al Oeste y los ríos corrían en dirección Este; debido a esto, pasaron a representar los puntos cardinales, colocando el Este en el lado izquierdo, representando el *Dragón Azul*, los mares azules y la primavera; colocaron el Oeste del lado derecho, representando el *Tigre Blanco*, las montañas cubiertas de nieve, el otoño; como por el Norte (Siberia) venían los vientos helados, lo representaron como la tortuga, el frío y la oscuridad del invierno, ocupando así el punto más bajo.

Otro factor importante en la orientación de la construcción de una casa es verificar la influencia de los cinco «elementos», cuyo fundamento teórico ocupa un lugar destacado en la filosofía tradicional de los ancestros chinos, adoptándose también por los estudiosos del feng shui, que consideraban fundamental la interacción de estos con el ambiente y la orientación de la casa. Siendo así, elaboraron un conjunto de reglas para relacionarlos entre sí y con los planetas conocidos en la época.

«Los cinco elementos» aparecen como formaciones derivadas de la acción recíproca de la manifestación del *Yin* y del *Yang* que dan origen a todo lo que existe sobre la Tierra o, como dicen los chinos, «a los diez mil seres». En el primer concepto que desarrollaron los ancestros chinos fueron considerados solamente cuatro elementos (*Agua, Fuego, Madera y Metal*) dispuestos sobre un cuadrilátero. Debido a las necesidades de una actuación más dinámica y a mejores soluciones prácticas, colocaron el quinto elemento (Tierra) en el centro. Posteriormente se trasladó hacia la periferia de ese cuadrilátero, adquiriendo entonces una representación pentagonal.

Aclaramos al lector que los términos elementos no tienen nada que ver con los de la cosmogonía griega, que eran los básicos de la estructura de la materia. Los elementos, en el concepto filosófico chino, son fuerzas o tendencias, o sea, energéticos y no materiales, que, de acuerdo con sus interdependencias y relaciones recíprocas, deciden los acontecimientos en el macro y en el microcosmos.

A pesar de que los chinos añadieron dos elementos, la madera y el metal, a la lista original de los antiguos griegos que era Aire, Agua, Fuego y Tierra, omitieron justamente el Aire, que es uno de los más importantes en el feng shui. De este modo, los cinco elementos elegidos definitivamente fueron: Agua, Fuego, Madera, Metal y Tierra, de forma que todos los fenómenos y objetos que existen o se dan en la naturaleza o que se manifiestan en los seres puedan caer dentro de la esfera de alguno de ellos. Por ejemplo: las estaciones del año, los colores, los tonos musicales, los sentimientos humanos, los sabores, los olores y los órganos humanos, etc.

Los chinos asociaron cada uno de los cinco elementos con los planetas conocidos en la época de la siguiente forma:

MADERA	= Mu	= Júpiter
FUEGO	= Ho	= Marte
TIERRA	= Tu	= Saturno
METAL	= Chin	= Venus
AGUA	= Shui	= Mercurio

3.2. Ley del dominio y generación de los elementos

Según los antiguos sabios, la generación de los elementos se procesa de la siguiente manera: «Cada elemento domina a otro, frenando su desarrollo, dentro de un ciclo generador donde el que genera se llama Madre, que genera el elemento Hijo, y el Hijo del Hijo genera el elemento Nieto; así, cada elemento es Madre de aquel que le sigue, y es Hijo de aquel que le precede». De esta forma, los elementos se generan unos a otros de acuerdo con el siguiente orden: la Madera genera el Fuego; el Fuego genera la Tierra; la Tierra genera el Metal; el Metal genera el Agua; el Agua genera la Madera y esta genera el Fuego, y así indefinidamente.

Esta generación sucesiva e incesante hace prever un crecimiento ilimitado de los elementos que desequilibraría las leyes del Universo. Por eso, los ancestros, preocupados con las posibles interacciones entre ellos, definieron las reglas para acompañar esta relación, llamadas «leyes del dominio y la interdependencia», que, dependiendo de la interacción que obtienen entre sí, tanto producen cuanto destruyen la producción de los otros elementos.

De acuerdo con las «leyes de dominio y la interdependencia», para mantener el equilibrio entre los elementos, estos vienen frenados en su generación continua de la siguiente manera: la Madera domina a la Tierra (las raíces del árbol la penetran); la Tierra domina al Agua (la absorbe); el Agua domina al Fuego (lo apaga); el Fuego domina al Metal (lo funde); el Metal domina a la Madera (la corta, el filo del hacha derrumba el árbol). De esta forma, debido a esas dos leyes que actúan simultáneamente, generando y frenando al mismo tiempo, los elementos se mantienen en un constante equilibrio entre sí.

Los sabios observaron también que esas leyes tenían aplicaciones prácticas en la vida cotidiana, como, por ejemplo, con relación a las estaciones, de forma que cada una correspondía a un elemento, así: la *madera* corresponde a la primavera, simbolizando el verde de las plantas que comienzan a revivir después de un largo invierno; el *fuego* corresponde al verano, simbolizando el calor del sol en su plenitud; la *tierra* simboliza el verano en la época de la cosecha de los frutos; el *metal* corresponde al otoño o inicio del declinar, y el *agua* corresponde al invierno.

La relación generativa y de dominio se extiende también a los órganos y a las vísceras del cuerpo humano, conectados por los meridianos. De ahí surgen importantes indicaciones y reglas de tratamiento usadas por la medicina china, la cual obtiene fabulosos resultados prácticos a través de la acupuntura.

De acuerdo con el feng shui, la generación o la destrucción de los cinco elementos se puede representar de la siguiente forma:

EL ORDEN DE LA GENERACIÓN

LA MADERA → quema y produce el FUEGO → que deja la TIERRA → de donde viene el METAL → que fluye como AGUA → que alimenta la MADERA → y así sucesivamente.

EL ORDEN DE LA DESTRUCCIÓN

EL FUEGO → derrite el METAL → que corta la MADERA → que extrae beneficios de la TIERRA → que contamina el AGUA → que apaga el FUEGO → y así sucesivamente.

El feng shui garantiza la asociación entre los cinco elementos y el medio ambiente natural donde se sitúa la construcción de la casa, así como su interior. En el caso en que estén en inarmonía, se deberán tomar las medidas correctivas.

A partir de la definición de los cinco elementos, los sabios chinos clasificaron también las diferentes formaciones de las colinas y montañas que los rodean, dando a cada una de ellas las características de su elemento correspondiente. De esta forma se puede utilizar la lista de los elementos en conflicto, compatibilizándolos con las montañas vecinas, evitando que afecten negativamente la energía *Ch'i* del lugar. La forma de las montañas quedó asociada a un planeta y a un elemento del siguiente modo:

1. Una montaña que termina en pico, del tipo que posee un pico cónico, formando una torre. Quedó asociada al planeta Marte y el elemento fuego.

2. Una montaña con una formación semejante a la anterior, que termina con una cima achatada. Quedó asociada al planeta Júpiter y al elemento Madera.

3. Una montaña tipo «altiplano» con una meseta en su parte superior. Quedó asociada al planeta Saturno y al elemento Tierra.

4. Una montaña cuya cima termina en curva. Quedó asociada al planeta Venus y al elemento Metal.

5. Una montaña cuya cumbre tiene la forma de una cúpula no muy alta, con la cima recortada por los cursos de agua. Quedó asociada al planeta Mercurio y al elemento Agua.

Otro factor muy considerado en el feng shui es la fuerza del agua y su utilización para potenciar la influencia y circulación de las energías positivas *Ch'i* dentro de la propiedad.

Sabemos que el agua es un solvente universal por excelencia, que disuelve, por ejemplo, la sal, disociando sus partículas en «iones» y «cationes». Pero el agua puede disolver también átomos sutiles como los de la energía magnética que forma las líneas de fuerza que envuelven nuestro planeta y los átomos todavía más sutiles que forman la energía *Ch'i*.

Se da una atención especial al punto de encuentro de dos cursos de agua, sean estos superficiales o subterráneos, pues producen la llamada energía telúrica. Al encontrarse los dos riachuelos de agua que traen disuelta en ella la energía *Ch'i*, cada uno de los brazos del riachuelo funciona como si fuera un vector (imaginar una flecha con la misma dirección que el curso del agua) y en el cruce de los dos vectores se forma, naturalmente, una resultante; la dirección de esta resultante puede ser para arriba o para abajo, lo que en este caso no perturbaría. Sin embargo, cuando se proyecta hacia arriba, esa energía telúrica podrá ser positiva (cuando los riachuelos lleven *Ch'i* benéfico, producido por caudales que posean curvas suaves), o negativa (cuando los riachuelos lleven *Ch'i* maléfico, producido por caudales que discurran con mucha velocidad o tengan una trayectoria recta).

Los sabios también decían que la dirección del caudal de agua con relación a la casa (o un pequeño lago enfrente de esta) es importante para el almacenamiento de la energía *Ch'i*, que llevará un caudal perpetuo de honras y riqueza a la familia que allí mora. Eso demuestra claramente el valor de los estanques de agua con peces de colores (carpas), que los orientales tienen la costumbre de colocar en sus jardines y que simboliza riqueza y elevada posición social.

Los chinos creen que un lugar que tiene agua es un lugar bendito, porque simboliza vida, fertilidad, crecimiento, prosperidad, etc., mientras que los que no poseen agua son malditos porque simbolizan destrucción, muerte, esterilidad, etc. Aunque un curso de agua pueda presentar algún problema dentro de los conceptos de los practicantes del feng shui, siempre existirá la posibilidad de que pueda ser subsanado con suaves curvas, transformándolo en un captador de «fuerza vital positiva». Esto siempre es posible porque los chinos son muy hábiles para tratar los desvíos y alteraciones de los cursos de agua, convirtiéndose para ellos en una simple rutina debido a la costumbre ancestral de desviarlos para construir sistemas hidráulicos de irrigación para el cultivo del arroz.

Para los occidentales no existe la necesidad de modificar el lecho de un curso de agua para hacerlo más positivo, pues esto implicaría un coste. Es preferible que el río o arroyo continúe su tendencia natural de formar nuevos lechos, si esa es la solución más barata.

El feng shui preconiza una interacción atemporal entre el agua corriente y la tierra. Así, para alterar los cursos de agua no es necesario confrontarse con las autoridades responsables, porque, incluso en las condiciones más negativas, es posible introducir elementos naturales que las corrigen sin transgredir las normas y códigos legales existentes. El agua siempre ha sido considerada como la gran modificadora de la naturaleza, pues divide las montañas, forma los valles, nivela los altiplanos y modifica el paisaje de los deltas en el litoral. De esta forma, una persona

que tiene la felicidad de vivir cerca de un arroyo *Ch'i*
positivo puede aumentar todavía más su potencial
usando elementos vegetales como árboles, arbustos,
plantas ornamentales, macetas con flores, etc., además de otros materiales como barreras, muros,
puentes, fuentes, etc., dispuestos de una forma adecuada, de acuerdo con los preceptos del feng shui,
evitándose así la perdida de la energía *Ch'i*.

Otro elemento que distribuye la energía *Ch'i* es el
viento, de tal forma que lo asociaron a la palabra *feng;*
entonces se quedaron observando el humo, estudiaron las ráfagas de aire levantando el polvo, las nubes de
humo danzando en el aire, observaron su comportamiento y concluyeron que la energía *Ch'i* no podía ser
acumulada en ambientes donde se permitiera que el
viento entrase libremente viniendo de cualquier parte.
Como las corrientes del viento consideradas negativas
venían del norte (para los sabios que vivían en el
hemisferio Norte; para nosotros sería al contrario,
pues vivimos en el hemisferio Sur), dedujeron que era
necesario proteger este lado de la casa con una hilera
de árboles, con una siempreviva bien alta, o con algún
tipo de estructura como un muro que parase los vientos llegados del norte. Por otro lado, podía permitirse
el acceso de los vientos cálidos del sur porque, además
de calentar, permitían la entrada de energía *Ch'i*.

De acuerdo con esos conceptos, la mejor situación de una propiedad sería en un valle cóncavo,
protegido de los vientos fuertes, impidiendo de esta
forma que la energía positiva *Ch'i* se disipe. Sin
embargo, esta concavidad no deberá ser tan acen-
tuada que imposibilite la circulación del *Ch'i*, pues
este, estancado, se convierte en *Sha*.

3.3. Principios básicos del feng shui

Los principios básicos del feng shui fueron elaborados en sintonía con los «cinco elementos» y su interacción, dándoles una importancia especial para obtener la situación ideal de una casa. En el medio urbano, cuando hay un barrio donde los tejados de las casas están desiguales, unos más altos que otros, podemos compararlo con el elemento agua; un barrio con muchas torres de iglesias, chimeneas de fábricas, antenas de radio y televisión y muchos edificios con formatos finos y altos, podemos relacionarlo con el elemento fuego; un barrio de construcciones populares, todas semejantes con sus tejados bajos, tales como comunidades y conjuntos de viviendas sociales, podemos relacionarlo con el elemento tierra; un barrio de edificios comerciales o de apartamentos, con puentes y viaductos podemos asociarlo al elemento madera; un barrio cuyas construcciones tienen tejados curvos o en forma de arco, podemos asociarlo al elemento metal.

En la Tabla I, que viene a continuación, presentamos un resumen, según el feng shui, de los diferentes significados simbólicos para cada uno de los «cinco elementos» que se deben considerar en ocasión de la elección de casa.

Tabla I.   Elementos controladores

Por el formato de la construcción	Significado	Elemento amenazador	Controlador creativo	Controlador destructivo
Fuego Edificios con tejados puntiagudos	Fuerte tendencia al desarrollo del intelecto y al éxito personal. Ideal para las personas ambiciosas, pues representa también la determinación para los que desean firmemente progresar en la vida.	**Agua** Construir un estanque en el jardín o una jardinera en la ventana del apartamento para neutralizar el efecto del fuego.	Madera	Tierra
Tierra Edificios de tejado bajo	sugiere firmeza, durabilidad, confianza, ideal para aquellas personas que viajan diariamente para ir a trabajar.	**Madera** Plantar árboles en el jardín, decorar la casa con mucho verde y macetas en las ventanas.	Fuego	Agua
Agua Casas/ edificios aislados con muchos ventanales en las fachadas	El movimiento constante se considera el elemento de la comunicación, ideal para los que trabajan en los medios de comunicación, en agencias de publicidad, periodismo, cine, radio, televisión, etc.	**Tierra** Bustos de mármol, piedras y cerámicas en el jardín, macetas en las ventanas.	Metal	Madera

TABLA I. **Elementos controladores** *(continuación)*

Por el formato de la construcción	Significado	Elemento amenazador	Controlador creativo	Controlador destructivo
Madera Edificios altos y residenciales. Postes y torres de transmisión. Árboles muy altos	Crecimiento y creatividad, ideal para personas que están comenzando la vida, formando una familia, o que pretenden iniciar un trabajo lejos de donde viven. Lugar apacible, ideal para vivir. Estimula el crecimiento lento pero seguro, ideal para los que colocan las relaciones personales y la felicidad por encima de los bienes materiales	**Metal** Colocar un acuario o estanque con carpas o peces de colores	Agua	Fuego
Metal Tejados con curvas o redondeados	Entrada de dinero, apropiada para las personas que esperan obtener éxito financiero en el comercio o en las especulaciones financieras.	**Fuego** Decoración en rojo con luces, velas, cortinas y muebles.	Tierra	Agua

Cuando se vive en un lugar donde los elementos se encuentran en oposición, o pensamos en mudarnos a otro lugar donde no todos los aspectos son positivos, el feng shui demuestra que es posible mejorar la situación introduciendo en el ambiente algunas correcciones a través de los llamados «elementos controladores». Estos elementos son aquellos que ahora «destruyen» el elemento que está creando problemas, ahora «refuerzan» el elemento que está siendo «amenazado».

En ese caso, para corregir el problema se usan tanto los factores destructivos como los creativos que están considerados como elementos dobles y se pueden usar tanto en el jardín como en la ventana del apartamento. Para cada condición doble se sugieren los siguientes elementos correctivos:

Para FUEGO y MADERA: usar flores rojas y un portainciensos.

Para FUEGO y TIERRA: usar una lámpara de cerámica en la parte exterior de la casa y una lamparita de queroseno en la mesa.

Para FUEGO y METAL: usar un ornamento de porcelana de color rojo en el jardín y un candelabro de plata.

Para FUEGO y AGUA: usar un calentador central de agua y un recipiente de vidrio en forma de pirámide.

Para MADERA y TIERRA: plantar cactos en el jardín y colocar flores o plantas deshidratadas en una maceta.

Para MADERA y METAL: pintar de verde el garaje y colocar un adorno en la sala, que puede ser un cuchillo o una espada con la empuñadura de madera.

Para MADERA y AGUA: construir un estanque en el jardín, adornado con plantas acuáticas y colocar como decoración en la sala un cachimbo hecho de bambú.

Para TIERRA Y METAL: colocar un recipiente de hierro lleno de arena en la sala junto con ornamentos de oro o de latón (amarillos).

Para TIERRA y AGUA: colocar en el jardín una fuente ornamental, adornada con piedras del mar.

Para METAL y AGUA: colocar un recipiente de hierro con agua para los pájaros en el jardín y un cuadro con marco de metal y motivos acuáticos, en la sala.

El progreso y el crecimiento de las ciudades actuales dificultan sobremanera que las personas descubran el lugar ideal para construir sus casas; en vista de ello, los expertos *Xiansheng* chinos se reunieron para desarrollar un sistema de orientación que fuera aplicable en cualquier localidad dentro de las condiciones actuales.

Cuando no fuera posible alterar la orientación de una casa, se puede organizar su espacio interior de forma que beneficie el aposento, aunque fuera necesario transformar su función, para permitir el aumento del flujo de la energía *Ch'i*. De acuerdo con el feng shui, hasta incluso un apartamento tipo «cuarto-sala» deberá tener sus ambientes definidos adecuadamente; así, la cama y la sala deberán quedar separados del ambiente de la cocina y del área de servicio.

3.4. Reglas generales del feng shui

Para completar este capítulo resaltamos algunas reglas generales del *feng shui* válidas para el hemisferio Norte (recuerden que nosotros vivimos en el hemisferio Sur), que, como vimos antes, pueden afectar el flujo natural de la energía *Ch'i* de las viviendas a través de las construcciones creadas por el hombre, así como por los accidentes naturales próximos que deberán ser analizados con atención.

Entre estos últimos, debemos destacar la importancia dada a la proximidad del agua al lugar de la vivienda, sobre todo a los cursos que pasan cerca o al lado del terreno, haciendo alguna curva y discurriendo en dirección a la parte anterior de la casa, que puede ser protegida con un pequeño muro de ladrillos, una siempreviva o algunos arbustos plantados en el límite de la cerca.

Cuando un arroyo o un río pasa por la parte más baja de un terreno, la entrada principal deberá quedar hacia esa parte, pues, de acuerdo con el feng shui, esa posición permitirá un mayor flujo de energía *Ch'i* hacia la casa.

Si el terreno ofrece una cuesta en la parte delantera, la entrada principal deberá quedar mirando hacia la parte más honda, pues los sabios chinos creían que una propiedad cuya parte delantera está levemente más baja que la parte más honda está sujeta a dispersar la influencia negativa del *Sha*.

Cuando un terreno presenta en su parte anterior grandes espacios abiertos en dirección sur, como arrozales, valles, lagos o incluso el mismo mar, ese lugar será ideal para captar energía *Ch'i* positiva debido a los vientos provenientes del Sur que transportan gran cantidad de esa energía benéfica.

El camino de la entrada del garaje de la vivienda debe tener, siempre que sea posible, una leve curva para atraer las influencias benéficas del flujo de energía *Ch'i* hacia la casa.

En el área urbana, cada barrio posee aspectos característicos que pueden ser fácilmente identificados, después de atentas observaciones, permitiendo retirar los posibles elementos conflictivos, sobre todo aquellos que podrán afectar a la futura vivienda. Teniendo estas informaciones y usando las orientaciones del feng shui, ya dichas anteriormente, se procede a la búsqueda del lugar más adecuado para construir la casa y, cuando las condiciones financieras no permitan mucha elección, se deberán introducir ya en el proyecto de la vivienda los elementos controladores necesarios, porque sabiendo la importancia que tiene garantizar un flujo abundante de energía *Ch'i* hacia el interior de la casa, vale la pena garantizar que la futura vivienda sea un remanso de paz, tranquilidad, armonía, lo que ciertamente traerá mucha felicidad a los habitantes.

Dentro de los criterios del feng shui, las casas negativas, o que traen mala suerte a sus habitantes, son aquellas que atraen o toman energía *Sha* negativa. Entre estas podemos destacar:

— Una casa situada en un cruce de dos calles con forma de T, como también una casa situada al final de una calle sin salida, pues ambas reciben directamente el flujo de la energía negativa *Sha.*

— Una calle sin salida no solo recoge la energía negativa del *Sha,* sino que también crea dependencia y sensaciones de aprisionamiento en los moradores de la casa.

— Una casa situada en un terreno triangular está considerada de mala suerte, pues esta forma atrae la energía negativa *Sha.* Sin embargo, si la puerta principal se coloca en uno de los lados del triángulo, el efecto negativo queda neutralizado.

— Una casa que tenga un gran árbol plantado exactamente delante de la puerta de entrada está considerada gafe, porque ese árbol desviará la entrada de dinero lejos de su morador. De la misma forma, en el área urbana, postes de energía eléctrica o de teléfono, torres de transmisión, chimeneas, monumentos o columnas conducen *Sha* negativo hacia dentro de las casas próximas, provocando todo tipo de infortunio y fatalidad.

— En el área urbana se debe analizar con cuidado la relación existente entre la casa y las otras construcciones vecinas, sobre todo cuando existe algún edificio o conjunto de casas alineadas enfrente, cuyas aristas apunten en su dirección, pues, según el feng shui, los ángulos rectos o cerrados se consideran como «flechas ocultas» que dirigen el *Sha* negativo directamente hacia el lugar que apuntan, provocando ambientes insalubres, que acaban generando enfermedades. Cuando estos ángulos rectos o esquinas agudas están dirigidos hacia una tienda o a un edificio comercial, pueden traer infortunio y mala suerte para los negocios, porque la energía *Sha* negativa aleja el dinero. Cuando existe enfrente de una casa una calle que se interrumpe formando una esquina, recibe el mismo efecto que emiten las «flechas ocultas».

— Se deben evitar también los túneles ferroviarios, los puentes y otras obras de la vía pública que estén situadas en dirección a la casa o propiedad.

3.5. Despejando las dudas sobre el uso del *Ba-Guá*

En esta obra, situamos el «ba-guá» o «pa-guá», de conformidad con el *I Ching*, de donde provienen originariamente, a la vez que este proviene del taoísmo, del cual soy un estudioso y un profundo admirador. El principal motivo de esta ubicación es la verificación de que toda la literatura disponible en Brasil sobre el feng shui consiste en libros de autores extranjeros o libros nacionales basados en esos autores o también de escritores nacionales que hicieron cursos en el extranjero (siempre en el hemisferio Norte). Pero la gran mayoría no posee un serio fundamento ocultista, por lo tanto repasan esas enseñanzas como «papagayos», creyendo píamente que aprendieron la más apurada técnica, sin darse cuenta que están siendo usados para otros intereses que ni siquiera sospechan.

Por este motivo, decidimos deshacer la enorme confusión que se instaló en nuestro medio, debido principalmente a publicaciones que salen en revistas que se dicen especialistas, editadas generalmente con asesoría de decoradores o arquitectos que, normalmente, poseen apenas un sufrible conocimiento sobre el feng shui o que adoptan lo que dice este o aquel libro, cuyos autores hablan mucho pero conocen poco las verdaderas bases filosóficas en las que se asienta el *I Ching*, que a su vez es una ramificación del profundo conocimiento contenido en el taoísmo.

Entendemos que la mayoría de esos autores, antes de escribir en libros y revistas sobre un asunto tan serio como es la manipulación de la energía por medio del feng shui, deberían investigar seriamente sobre esa «energía» y su influencia en el cuerpo humano, tanto en los niveles físicos como en los suprafísicos, pues existe una responsabilidad muy grande hacia el lector que ciertamente será cobrada.

Como dijimos, la mayoría de los autores transmite solamente lo que les fue enseñado sin más cuestiones y análisis. Y las editoriales, cuando publican traducciones de libros extranjeros, no hacen la observación en los mismos a través de una advertencia por parte de personas competentes, que alerten al lector sobre el hecho de que los criterios presentados son verdaderos solamente en el hemisferio Norte, donde esos libros fueron escritos. No obstante tenemos que el 99 por 100 de esas obras adoptan el «ba-guá del Cielo Posterior» elaborado por Thomas Lin Yun, maestro de la secta tántrica de los «Chapéus Negros» («Sombreros Negros»). Él, como es sabido por los ocultistas, utiliza ese «ba-guá» como un «yantra» o «mandala» para que los adeptos del tantrismo alcancen lo más rápido posible la subida de energía «Kundalini». Por lo tanto, es obvio que ese «mandala del Cielo Posterior» solamente sirve a los que ya poseen conocimientos tántricos, quedando ocultos esos conocimientos para la gran mayoría de los lectores, que, por lo general, son legos en el asunto. Las consecuencias de esto las exponemos más adelante, aclarando de la forma más simple posible lo que puede suceder con el uso inadecuado de ese «mandala» (o de cualquier otro).

3.5.1. Descripción de los trigramas del *Ba-Guá*

Los *trigramas* están formados por líneas continuas y líneas interrumpidas, cuya lectura siempre comienza por la línea de abajo. Los de línea continua en su base fueron asociados a la estabilidad y los de líneas interrumpidas fueron asociados al movimiento y a los cambios. Cada uno de estos símbolos recibió un nombre y se le atribuyeron algunas cualidades, como describimos a continuación:

CHÍEN (KIEN): Tres líneas continuas (el Padre): Yang puro. Es el Cielo, el Rey, lo Creativo, la Fuerza, una cosa redonda, el jade, el oro, el frío, el hielo, una cosa grande, el color rojo, el caballo, un árbol lleno de frutos.

K'UN (KUN): Tres líneas interrumpidas (la Madre): Yin puro. Es lo receptivo, la sumisión, la Tierra, el paño, la sartén, la parsimonia, el becerro y la vaca, una gran carroza, la florescencia, el pueblo, la alabanza, la imparcialidad, entre varias tierras es la más fértil.

CHEN (DSCHEN): Una línea Yang debajo de dos líneas Yin (el primer Hijo): el excitante, el movimiento, el trueno. Es el dragón, el color amarillo oscuro, un gran camino, es decidido e impaciente, es un bambú joven, un caballo con una estrella en la frente, entre las plantas leguminosas cultivadas y la vegetación fuerte y lujuriante.

K'AN (KAN): Una línea Yang entre dos líneas Yin (el segundo Hijo). Es lo peligroso, el peligro, el agua, los fosos, la emboscada, el enderezar y el doblar, el arco y la rueda. Entre los hombres: los ansiosos, los locos, los que tienen dolor de oídos. Entre los caballos: los que tienen buenas grupas, los fogosos, los que dejan caer la cabeza, los que tropiezan. Entre los vehículos: los que tienen defectos. Entre las maderas: las duras, con mucha médula. Es el deslizar, la luna, el ladrón.

KEN: *Dos líneas Yin debajo de una línea Yang* (*el tercer Hijo*). Es la tranquilidad, el monte, el pequeño, un camino secundario, el pedregal, las grandes puertas, los frutos, el guardián del templo, los dedos, las semillas, el cachorro, el ratón, los pájaros de pico fuerte. Entre los árboles: los fuertes y nudosos.

SUN: *Una línea Yin debajo de dos líneas Yang* (*la primera Hija*): Es lo penetrante, el viento, la madera y el árbol, la línea plomiza, el trabajo, un barco alto y largo, el indeciso, el avance y el retroceso, el olor. Entre los hombres son: los calvos, los que tienen frente ancha, los de ojos blancos, las personas ansiosas de enriquecerse rápido y triplicar su capital. Es el trigrama de la impaciencia.

LI: *Una línea Yin entre dos Yang* (*la segunda Hija*): Es lo luminoso, el fuego, el Sol, la electricidad, la armadura, la lanza y la espada, es el trigrama de la creatividad. Entre los hombres: son los falsos. Entre los animales: la tortuga de tierra y de mar, el cangrejo. Entre los árboles: los que tienen el tronco seco arriba.

TUI: *Dos líneas Yang debajo de una línea Yin* (*la tercera Hija*): es la serenidad, la alegría, el lago o la pequeña, la ensenada pantanosa (un lugar donde el agua es poco profunda), la piscina, el mago, la boca, la lengua, la cosecha, el pulverizar, el apego. Entre las tierras: las fuertes y saludables. Es la concubina y la oveja.

Los ocho *trigramas* descritos no son imágenes de las cosas, pero sí, la representación de sus tendencias y el movimiento, que puede encontrar múltiples expresiones y representar ciertos acontecimientos de la naturaleza correspondientes a su esencia. Cada uno de ellos representa un miembro de la familia que está compuesta de *padre, madre, tres hijos y tres hijas,* en un sentido figurado de sus funciones. Así, los hijos representan las diferentes fases del movimiento, su inicio, el peligro y la realización del mismo. *Las hijas* representan la cualidad del movimiento, su dedicación, su claridad, su adaptabilidad y su serena tranquilidad.

Los signos fundamentales fueron concebidos como imágenes de los acontecimientos del Cielo y de la Tierra. Aun así, participan del concepto de un continuo vaivén de uno hacia otro. Por lo ya expuesto, verificamos que el *I Ching* no es solo un breviario de filosofía y de adivinación, sino la mayor obra de arte producida por el genio creador de los sabios chinos que revela la característica típica del carácter de ese pueblo en dar un cuño eminentemente práctico, tanto a la filosofía como al arte, a la literatura y a su propia cultura. Eso explica por qué sus sabios ancestrales consiguieron sintetizar la complejidad de la naturaleza y de sus fenómenos a través de símbolos simples cuya comprensión está al alcance de todos los hombres. Y, según sus principios, fue idealizado el feng shui para armonizar los hogares y el feng shui del amor para armonizar la vida de las personas.

El *ba-guá* consiste en un gráfico que proviene del *I Ching* en el cual se representan, en su círculo central, los símbolos del *Yin-Yang* y, a partir de estos, los ocho trigramas del *I Ching* dispuestos en forma octogonal y de la derecha hacia la izquierda, en el siguiente orden:

— *Norte – Ch'ien – Yang –* elemento Metal – representa el Padre, el Cielo, los amigos (en el jardín: es el lugar ideal para recibir a los amigos y a las personas queridas, entre las flores multicolores; en la casa: es el lugar donde se puede colocar el vestíbulo de entrada, la sala de estar y el cuarto).

— *Nordeste – Chen –* Elemento Madera – representa el primer Hijo, el vigor, la familia (en el jardín: es el lugar ideal para los adornos con piedras y plantas de porte vigoroso como una jacarandá (representando al padre), un frondoso flamboyant (representando a la madre) y pequeños arbustos (representando a los hijos), dispuestos en un parterre cubierto de césped; en la casa: es el lugar donde debe instalarse el cuarto de huéspedes.

— *Este – K'an –* Elemento Agua – representa el segundo Hijo, el movimiento, el trabajo (en el jardín: es el lugar ideal para instalar la piscina, donde se colocan plantas de pequeño porte y parterres coloridos (bambú, flores variadas en tonos amarillo, rosa y rojo); en la casa: es el lugar de la sala de estar, el escritorio).

— *Sureste – Ken –* Elemento Tierra – representa el tercer Hijo, la tranquilidad, la espiritualidad (en el jardín: es el lugar ideal para el estanque, con sendas o pequeños caminos usados para pasear al atardecer en actitud meditativa; a lo largo de estos se ponen plantas de pequeño porte y parterres

ño porte y parterres coloridos con flores en tonos
lila, morado y blanco; en la casa: es el lugar ideal
para el cuarto de huéspedes).

— *Sur – K'un – Yin* – Elemento Tierra – representa a
la Madre, el sustento, la relación (en el jardín: es
el lugar ideal de plantas de pequeña altura y parterres coloridos con flores variadas y bien perfu-
madas en tonos rosa y rojo; en la casa: es el lugar
del cuarto de baño, el lavabo y el garage).

— *Sudoeste – Sun* - Elemento Madera – representa a
la primera Hija, el Viento, la prosperidad (en el
jardín: es el lugar ideal para un quiosco donde se
pueda descansar a la tarde, o tomar un aperitivo;
se colocan plantas de crecimiento rápido y verti-
cal (bambú, trepadoras, etc.); en la casa: es el
lugar ideal para la sala de cenar).

— *Oeste – Li* – Elemento Fuego – representa la segunda Hija, el calor, la luminosidad, el éxito (en el jardín: es el lugar ideal para adornos de plantas de
follaje vistoso; en la casa: es el lugar de la sala de
cenar, el escritorio y el cuarto de huéspedes).

— *Noroeste – Tui* – Elemento Lago – representa la
tercera Hija, la alegría, la creatividad (en el jardín: es el lugar ideal para parterres de flores vis-
tosas y exuberantes, en tonos amarillo, naranja,
azules y multicolores; en la casa: es el lugar de la
escalera y de la sala de cenar

3.5.2. *Ba-Guá* original proveniente del *I Ching*

A continuación describiremos el *Ba-Guá* que
proviene de los trigramas del *I Ching*, para facilidad

del lector y, por estar en España, nombramos cada uno de ellos con su nombre correspondiente en castellano, dispensando el uso del nombre chino, cuyo significado hemos apuntado antes.

El «ba-guá» consiste en el diseño de un «mandala», cuyo símbolo central representa el Yang (Cielo, padre, color azul, situado siempre en el punto cardinal Norte) y el Yin (tierra, madre, color rojo, situada siempre en el punto cardinal Sur); este «mandala» está rodeado por un octágono en el que cada uno de los lados está formado por un «trigrama» o tres líneas provenientes del *I Ching*.

Cada uno de esos trigramas está compuesto de tres líneas, denominadas según su posición, consideradas de dentro hacia fuera, habiéndose adoptado que las líneas continuas representan la polaridad positiva o masculina (Padre, hijos) y las líneas discontinuas representan la polaridad negativa o femenina (Madre, hijas). Los trigramas, por lo tanto siempre tienen tres líneas que pueden ser iguales (continuas o discontinuas), o dos iguales y una diferente (continuas o discontinuas). El nombre de cada trigrama depende de la disposición de las líneas que se cuentan desde el centro hacia la parte exterior del octógono. Por ejemplo: a partir del centro, habiendo una línea continua y a continuación dos líneas discontinuas, significará el primer Hijo; una línea discontinua, una continua y la otra discontinua, significará el segundo Hijo, y así sucesivamente, dándose el caso de tres líneas iguales que entonces representarán al padre o a la madre.

El «ba-guá» original presenta la siguiente figura: en el centro, el «mandala» con el símbolo del Yang-Yin; alrededor de este, el octágono con los ocho trigramas dispuestos de la siguiente forma:

— En el Norte, tres líneas continuas que representan al Padre (Cielo).
— En el Sur, tres líneas discontinuas que representan a la Madre (Tierra).
— En el Noreste, a la derecha, a partir del Padre, una línea continua (debajo) y dos discontinuas que representan el primer Hijo.
— A la derecha del Este, una línea discontinua, una continua (en el medio) y otra discontinua que representan el segundo Hijo.
— A la derecha del Sudeste, una línea discontinua, otra línea discontinua y una continua (encima) que representan el tercer Hijo.
— En el Sudoeste, a la izquierda, a partir de la Madre, una línea discontinua (debajo) y dos continuas que representan a la primera Hija.
— A la izquierda, en el Oeste, una línea continua, una línea discontinua (en el medio) y otra línea continua que representan a la segunda Hija.
— A la izquierda, en el Noroeste, una línea continua, otra continua y otra discontinua (encima) que representan la tercera Hija.

Como vemos, la disposición del «ba-guá» es absolutamente armónica y, siguiendo los principios cósmicos, gira hacia la derecha, en el sentido de las agujas del reloj, de dentro hacia fuera a partir del

Padre. Veamos: a partir de este tenemos los Hijos, cuya representación, por orden, es 1.º, 2.º y 3.º, y que están representados en los trigramas por la posición de la línea continua dentro de los mismos: debajo, en el medio y encima; lo mismo sucede con las Hijas, que, a partir de la Madre, giran a la izquierda.

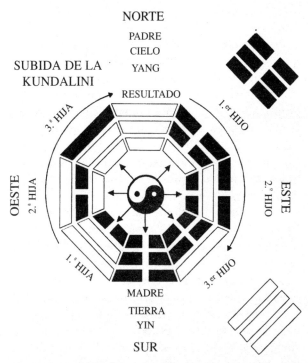

NORTE
PADRE
CIELO
YANG

SUBIDA DE LA KUNDALINI

RESULTADO

3.ª HIJA

1.er HIJO

OESTE
2.ª HIJA

ESTE
2.º HIJO

1.ª HIJA

3.er HIJO

MADRE
TIERRA
YIN

SUR

BA-GUÁ ORIGINAL DEL *I CHING*
MOSTRANDO LAS ALTERACIONES POR
THOMAS LIN YUN TRANSFORMANDOLO
EN *BA-GUÁ* DEL CIELO POSTERIOR

3.5.3. *Ba-Guá* del Cielo Posterior, desarrollado por la secta tántrica de los «Chapéus Negros» («Sombreros negros»)

El «ba-guá del Cielo Posterior», elaborado por Thomas Lin Yun, maestro de la secta tántrica de los «Chapéus Negros», es absolutamente correcto para los que practican el tantrismo, que deriva del budismo, cuyos principios universales son semejantes al taoísmo. Sin embargo, puede ser peligroso para los que no poseen esos conocimientos que describimos sucintamente (ver figura de la página anterior).

El tantrismo está ligado a la tradición esotérica hindú, que desde tiempos inmemoriales se dedica a las prácticas destinadas a ampliar la mente humana, llevando a sus adeptos al conocimiento de un estado superior o gnosis. La palabra sánscrita «tantra» significa «antorcha», que se explica como «lo que amplia la comprensión (tanyate)».

La práctica del tantrismo está ligada, desde el Neolítico, a las creencias y rituales del sexo y de la fertilidad, y su meta es la liberación personal (*mukti*), que se expande, trascendiendo de la personalidad a la percepción consciente, alcanzándose un estado de éxtasis o placer indescriptible (*ananda*).

Todas las escuelas tántricas tienen en común la idea de que lo divino no está separado de la creación, al contrario, el mundo material también es una manifestación de lo divino que está presente en todo. Así, percibir la existencia de Dios por medio de una iluminación no es una cosa muy difícil, pues está al alcance de cualquier ser humano, en este momento y ahora.

Este concepto se expresa en la fórmula sánscrita: samsara = nirvana, en la cual el mundo mutable es idéntico a la realidad eternamente inmutable, donde la falta de comprensión es nuestra ignorancia espiritual.

El tantrismo entiende que la divinidad existe y forma parte de todo ser humano. Se puede manifestar a través de la práctica de métodos que se podrán considerar poco comunes, pecaminosos o degenerados por los contextos espirituales tradicionales del hombre occidental, sin embargo permiten a sus adeptos percibir la presencia de lo Divino en ese momento.

Dentro de esta filosofía del tantrismo existen dos corrientes conocidas que utilizan el sexo como ritual (*maithuna*). Una de ellas usa el *camino de la izquierda* (*vama marga*), en la cual la práctica de la unión sexual explícita es el punto culminante del ritual; la otra usa el *camino de la derecha* (*dakshina marga*), en la que la unión sexual es entendida en términos puramente simbólicos, en la cual el ritual de *maithuna* se celebra en la mente de la persona que posee los dos principios cósmicos: el masculino (*Shiva*) y el femenino (*Sakti*).

En la mayoría de los rituales tántricos practicados por los antiguos se realiza el rito sagrado del *maithuna*. Este rito sigue una tradición muy antigua, en la cual el sacerdote y la sacerdotisa se transforman ritualmente en la encarnación de lo divino, en sus aspectos masculino y femenino. El acto sexual ritualizado es como un drama sagrado bien escenificado, destinado a garantizar la fertilidad y la prosperidad de la comunidad en general que, cuando es aceptado por la divinidad, provoca una transfiguración real de los participantes.

Tenemos que aclarar que el ritual del *maithuna* nunca se consideró como una forma excitante de placer, una forma diferente de diversión o un pasatiempo de personas entendidas que no tienen otra cosa mejor que hacer. Los adeptos del Tantra consideran el *sexo sacramental* un ritual muy serio que posibilita a los participantes la oportunidad única de recargarse con energías sutiles (numinosas), a través de un ritual que se realiza, meticulosamente, bajo la coordinación precisa de un maestro cualificado que participa también con su compañera durante toda la ceremonia, prestando atención a los mínimos detalles, con una concentración tal que pocos de nosotros, en Occidente, podríamos ni siquiera pensar en conseguir algún día.

El ritual tántrico no tiene un ideal humanístico de desarrollo personal, pero busca la trascendencia radical del yo, de la personalidad o del ego, de forma que la divinidad pueda elevarse desde el cuerpo del participante a la mente y trascender esta para llegar al éxtasis. En el tantrismo no es necesario que los compañeros se conozcan como individuos, pues la individualidad es la ilusión de la cual están intentando huir. La personalidad se plantea como un patrón arbitrario y sin importancia que existe en la naturaleza. En el ritual tántrico no hay lugar para la intimidad; los participantes son anónimos y es como si no tuviesen rostro. La relación entre ellos se define, estrictamente, a través de la finalidad consensual que consiste en invocar, venerar e identificarse con una Realidad Superior

Trascendental en la forma de Dios (*Shiva*) y de Diosa (*Shakti*).

El aspecto más importante del tantrismo es el culto a la Diosa, donde lo Divino se ve bajo la polaridad masculina (*Shiva*), representando la percepción consciente o consciencia, y la polaridad femenina (*Shakti*), representando el aspecto dinámico de la vida, la creación, la materia y la naturaleza con sus cambios. Estas dos polaridades juntas forman la realidad que abarca todo, que está por encima de la percepción consciente y tienen la capacidad de producir el deseo y el éxtasis. Como la unión de los principios masculino y femenino produce el deseo y el éxtasis, en la iconografía hindú se los representa en la figura hermafrodita de Ardhanarishvara como el equilibrio perfecto que existe en el nivel supremo, anterior a todo concepto de forma, espacio y tiempo.

Los adeptos del tantrismo intentan llegar a un estado de armonía corporal y mental que sintoniza e iguala a la persona con el equilibrio transcendental (*samarasa*) o integridad original manifestada a través del éxtasis.

La forma de alcanzar ese equilibrio depende de cada escuela; los maestros de la escuela Sahajiya que usan el *camino de la derecha*, adoptan el ideal de la espontaneidad que rechaza todos los artificios y afirman la necesidad de desprenderse del hábito de la percepción de la realidad, sustituyéndolo por la lente de la personalidad y del ego, para sentir que la presencia Divina está presente en el lugar y en el momento en que se realiza el ritual. Para ello se usan técnicas que van desde recitar palabras con mucha fuerza y gran vibración (*mantras*) hasta la realización de complejos rituales con meditaciones y visualizaciones.

El tantrismo que usa el *camino de la izquierda* adopta el acto sexual (*maithuna*) para alcanzar el equilibrio de transformación y la unión de los adeptos. Esta técnica se recomienda porque representa el quinto y último aspecto o «quinto M» (*panca makara*) de una larga ceremonia de fusión de *Shiva* y *Sakti* en el plano trascendental, en la cual el hombre representa a Dios y la mujer representa la Diosa, con la finalidad de alcanzar el éxtasis, condición inherente al acto divino.

Los participantes masculinos de ese ritual deberán retener el semen, pues desperdiciarlo es como perder parte de su energía vital. Por eso, cuando es imposible evitar la eyaculación, el hombre debe recoger el semen e inmediatamente extenderlo sobre la frente, a la altura del tercer ojo (chakra frontal), y en el pecho, encima del corazón (chakra cardiaco), pues, según las escuelas tántricas, con esta curiosa práctica el hombre recupera en parte la energía vital contenida en el semen.

Para el tantrismo, el poder de la Diosa, representado por la serpiente, está centrado en la espalda de la persona y se le llama «*fuego ígneo*» o *kundalini*; esta energía está siendo cada vez más conocida entre los ocultistas de Occidente; sin embargo, es aconsejable para los que pretenden desarrollar la energía «kundalini» que pospongan las prácticas dirigidas a ese desarrollo hasta que encuentren un Maestro que pueda darles una orientación precisa. Por este motivo, desaconsejamos el uso del «ba-guá del cielo posterior», pues su uso activa los campos sutiles del cuerpo, estimulando y desarrollando la energía kundalini sin que la persona tenga la más mínima noción de lo que está sucediendo, y, si esa apertura fuera descontrolada, podría lanzar al individuo a planos inferiores, que los espíritus denominan «costra» (los superficiales) y «tinieblas» (los más profundos), en los cuales se pueden producir daños físicos irreparables. Por este motivo es importante lo que se ha dicho antes sobre no aventurarse a recorrer los caminos tántricos sin una **orientación** segura.

Para la filosofía tántrica, la energía de la «Kundalini» queda adormecida en la mayoría de las personas, enrollada en la base de la columna, y, cuando se despierta en la meditación, inicia su ascensión para la iluminación y energización de todos los «chakras», causando en el hombre una erección espontánea acompañada de la apertura instantánea del «chakra cardiaco» que provoca una vivencia inolvidable de iluminación trascendental; en la mujer, la experiencia es equivalente a un orgasmo indescriptible, en el cual su corazón se convierte en algo parecido al centro del universo.

Por lo ya descrito, verificamos que la práctica del tantrismo tradicional es una forma de purificación para alcanzar el desarrollo moral y el espiritual, en el que los procesos fisiológicos y las manipulaciones mentales son considerados efectos secundarios.

El tantrismo auténtico nos ofrece un panorama de posibilidades sin comparaciones o equivalentes en nuestro tiempo, mostrando que el *deseo sexual* no queda satisfecho con un simple orgasmo o sublimado por la filosofía y por el arte, sino que puede ser transmutado hasta llega a un estadio en que la mente corpórea queda simultáneamente erotizada y transcendida, en otras palabras, queda expandida en un estado de profundo y sublime éxtasis.

Cuando la energía erótica del cuerpo se canaliza adecuadamente, la frecuencia vibratoria de la mente aumenta de tal forma que el cuerpo queda sintonizado con una frecuencia superior (*spanda*). En ese momento suceden fenómenos apoteósicos. La armonización espiritual que se manifiesta en la mente corpórea en estado de equilibrio se expande hacia el cuerpo mental con una percepción y claridad que trasciende los estados puramente subjetivos, llegando en su expresión máxima a una participación íntima con el resto del cosmos, dándose entonces la *unio mystica*.

La práctica del Tantra requiere muchos años de estudio, y, como es un asunto fascinante, se han escrito muchos libros en Occidente al respecto. Algunos de estos libros pueden ser peligrosos, otros no pasan de ser un pretexto para estimular el sexo con varias parejas, cosa que la filosofía tántrica no estimula de ninguna manera, pues su principal objetivo es que el hombre consiga dirigir el fluido seminal y su poder hacia el cerebro y los centros superiores de la cabeza.

Casi todas las escuelas de tantrismo practican el «despertar del poder de la serpiente» (*kundalini shakti*), siendo la energía de la *kundalini* una fuerza oculta que anima la mente corpórea y mantiene el equilibrio energético de los siete centros de fuerza o «ruedas» (chakras) principales y de los 144 centros de fuerza secundarios. Su sede está en el «chakra basal» (*muladhara*) situado en la base de la columna vertebral, y su color es rojo. Al despertar la *kundalini*, esta queda erecta y sube por un canal triple en el centro de la columna vertebral (*sushumma*) hasta la parte superior del cráneo, donde está la Puerta de Brahma, «chakra coronario» o «loto de mil pétalos» (*sahasrara*), en el cual penetra una energía sublime, el *fohat* que viene de las altas esferas, cuyo color *verde esmeralda* desciende por el centro de la columna para encontrarse en el medio del cuerpo, a la altura del «chakra cardiaco» (*anahata*) con la *kundalini,* de color *rojo,* que está subiendo por el «chakra basal».

De esta forma, se obtiene el equilibrio y la armonización del cuerpo, que queda en sintonía con las vibraciones sutiles que emanan del Cosmos, provocando estados de éxtasis (*nirvana*) que trascienden el «ego»; además, la percepción consciente del individuo estalla de luz (iluminado). Ese estado produce una sustancia mística muy buscada en Oriente, conocida como el néctar de la inmortalidad (*amrita*), que fluye desde el punto más alto de la cabeza hacia el cuerpo, provocando la transfiguración y transformación del mismo.

Por eso, repetimos, es muy peligroso despertar la «kundalini» sin la dirección de un Maestro experto, pues una vez que sube hasta el «chakra coronario» provoca un desequilibrio irreversible de todos los chakras que puede desembocar en la locura, en estados catatónicos de ausencia total e incluso provocar la muerte. Así, cuando una persona que lo ignora, usa el «ba-guá del cielo posterior» para armonizar los ambientes de una casa, este «mandala» actúa en sus campos sutiles activando y subiendo la energía «kundalini» de su cuerpo, cuyas consecuencias son inesperadas, dependiendo del grado de conocimiento y evolución de la persona; pero, a nuestro entender, siempre se corre un gran riesgo. Ahora bien, cuando la persona tiene conocimientos sobre el tantrismo y pretende usar el «ba-guá del cielo posterior» para acelerar la subida de la «kundalini», podrá usar este «mandala», ya que en realidad se desarrolló con ese objetivo. Veamos:

En el «ba-guá del cielo posterior», el trigrama del Padre, que originalmente se encuentra en el Norte, fue trasladado al Sudeste (en la posición del tercer Hijo del «ba-guá» original), indicando el descenso de la energía *Fohat*, de color esmeralda, que viene del Cosmos penetrando en nuestro chakra Coronario situado en el Norte del cuerpo. Es más, aquí estamos ante otra ocultación de la verdad: como dijimos, el *Fohat* (*Yang*) penetra por el Norte y tiene color verde esmeralda, pero en todos los *ba-guás* se representa el símbolo del Yang de color azul por la simple razón de que el color verde es conocido solamente por los «iniciados». Esa ocultación está facilitada por el mismo idioma chino, que usa el mismo ideograma para el color verde y el azul, diferenciándose únicamente en la pronunciación.

El trigrama de la Madre, que originalmente se encuentra en el Sur, fue trasladado al Nordeste (en la posición de la primera Hija del «ba-guá» original), indicando la subida de la energía *Kundalini*, de color rojo. Esta es una energía telúrica proveniente de la tierra y penetra en nuestro chakra Basal, energetizándolo, de forma que pueda subir por el *sushumma* (que corre por el cordón central de la columna vertebral) para equilibrar y energetizar los otros chakras.

Las posiciones de los otros trigramas representando los Hijos y las Hijas fueron distribuidas de acuerdo con los intereses del tantrismo y, como se puede observar, no siguen una disposición armónica en el sentido de las agujas del reloj, como todas las cosas positivas que provienen del cosmos.

Representación del *ba-guá* del cielo posterior

Capítulo IV

El feng shui del amor

LOS TAOÍSTAS consideraban que para conseguir la armonía entre el Yin y el Yang de los seres humanos, los hombres debían satisfacer completamente a las mujeres. Debido a esto, se creó el feng shui del amor, cuya existencia se debe, sobre todo, al deseo que los antiguos chinos, adeptos del taoísmo, tenían en proporcionar un método que enseñase a los hombres a aumentar su satisfacción, su longevidad, así como satisfacer plenamente a sus mujeres. Así, cuando el feng shui del amor fue formulado por primera vez, hace miles de años, todos coincidían en considerar que uno de sus objetivos principales era la plena realización de la mujer.

El feng shui del amor se puede practicar en cualquier ambiente de la casa o del apartamento, siempre que hayan sido debidamente armonizados como describimos a lo largo del libro, primero por medio de la radiestesia para eliminar las energías telúricas, y después por medio del feng shui, dejando todos los ambientes armónicos y benéficos.

Al principio, el feng shui del amor, recibió varios nombres que subliman la armonía del hombre y de la mujer; así, era conocido como el Tao del Amor, el Tao de la Comunión del Yin y el Yang, el Tao del Yin, el Caso de Yin y Yang, la técnica de Yin y Yang, la Técnica de la Cámara Interior, adoptándose la palabra «técnica» en una época que más tarde perdió su prestigio inicial, transformándose el concepto filosófico inicial en un simple estilo de hacer el amor.

El feng shui tuvo su mayor énfasis en la época del emperador Huang Ti, que se rodeó de cuatro asesores especialistas en el asunto (tres mujeres y un hombre). Estos le transmitieron, a través de diálogos, debidamente registrados para la posteridad, sus conocimientos y orientaciones relacionados con la manera de interpretar las relaciones sexuales entre los hombres y las mujeres, así como las reacciones femeninas durante el acto de hacer el amor. A continuación transcribimos algunos de los diálogos en los cuales Huang Ti pide a una de sus consejeras, Su Nü, que le informe, de forma detallada, sobre las diferentes reacciones de una mujer y las distintas maneras con las que el hombre puede satisfacerla. Son estas:

1. Ella sujeta con fuerza al hombre con sus manos.
2. Ella levanta las piernas. Con eso indica que desea una fricción más intensa en el clítoris.
3. Ella estira el abdomen. Con eso indica que desea penetraciones más cortas.
4. Ella mueve los muslos. Con eso indica que le está gustando.
5. Ella usa los pies como si fueran ganchos para empujar al hombre hacia sí. Con eso indica su deseo de penetraciones más profundas.

6. Ella cruza las piernas alrededor de la espalda del compañero. Con eso indica que quiere más.

7. A ella le tiembla el cuerpo. Con eso indica que desea penetraciones más hondas, variando hacia la izquierda y hacia la derecha.

8. Ella levanta el cuerpo, acercándose más al compañero. Con eso indica que se está satisfaciendo intensamente.

9. Ella relaja el cuerpo. Con eso indica que su cuerpo y sus miembros se están calmando.

10. La vagina desborda. Con ello indica que la «marea de Yin» llegó. El hombre puede ver, con sus propios ojos, que la mujer está feliz.

Su Nü también le informa que las cinco reacciones básicas que el hombre debe observar en la mujer, cuando esta está dispuesta a mantener una relación más íntima con él, son:

1. Si ella desea ser poseída, el hombre percibirá un cambio en su respiración.

2. Si ella desea que él la penetre, la nariz se dilatará y la boca se abrirá.

3. Si ella desea la llegada de la «marea de Yin», su cuerpo estará trémulo y sujetará con fuerza el cuerpo del compañero.

4. Si ella anhela la satisfacción completa, la transpiración será copiosa.

5. Si el deseo de ella hubiera sido completamente satisfecho, su cuerpo se estirará y los ojos se cerrarán como si durmiera profundamente.

Otros especialistas, como Wu Hsien, maestro del feng shui del amor, describió, durante la Dinastía

Han (206 a. de C. a 219 d. de C.), los principales indicios de la excitación femenina que el hombre debía observar. Son estos:

1. Ella está anhelante y con la voz trémula, descontrolada.
2. Ella tiene los ojos cerrados y la nariz dilatada; apenas consigue hablar.
3. Ella fija la vista en los ojos del hombre.
4. Las manos las tiene calientes y el abdomen relajado; al mismo tiempo su hablar se hace ininteligible.
5. La fisonomía expresa fascinación; el cuerpo está flojo como la gelatina, y los miembros abandonados.
6. La boca se queda seca bajo la lengua; el cuerpo se acerca al hombre.
7. Se perciben las pulsaciones de la vulva, a la vez que una abundante secreción.
8. Todo esto indica que la mujer está bastante excitada, debiendo el hombre mantener la situación bajo control, beneficiándose de la relación amorosa sin ninguna prisa.

Muchos siglos después, ese equilibrio, cuyo objetivo básico era la armonía entre el hombre y la mujer y la plena realización de esta última, quedó roto durante la Dinastía Han, deteriorándose aún más con las Dinastías Sui (589-618 d. de C.) hasta la Dinastía Ming (1368-1643 d. de C.), en las cuales los hombres fueron adquiriendo mayor importancia y, en consecuencia, mayores privilegios políticos, sociales y sexuales. En contrapartida, fue desapareciendo la igualdad y la importancia de la mujer. En esa época comenzó a predominar, poco a poco, el punto de vista masculino, por lo que el papel de las mujeres era, precisamente, resaltar la superioridad de la posición del hombre. Así, llegó a considerarse que hacer el amor era un beneficio exclusivo de los hombres, una forma de enaltecer su vanidad masculina.

Pero, en realidad, las cosas no ocurrieron solo así, pues se mantuvieron los antiguos principios del feng shui del amor, que pasó a ser conocido con los diferentes nombres antes mencionados; sobrevivió a la corrupción social debido al hecho de que los autores y los maestros continuaron a enfatizar la importancia de la satisfacción femenina. Pues, sin contar con el deseo de cooperación de la mujer, ningún hombre podría gozar plenamente del acto de hacer el amor. Quedando claro, para los seguidores del feng shui del amor, que ningún hombre podría beneficiarse, al hacer el amor, si él y la compañera no estaban en perfecta armonía.

También, el feng shui del amor tuvo un largo periodo de interrupción en la época en que los mongoles controlaron la China (durante ochenta y ocho años, entre los siglos XIII y XIV)), con la eliminación de todos los libros taoístas, incluidos los que trataban el feng shui, excepto los manuscritos del Tao del Yin, de la Dinastía de Han, que sobrevivieron.

Sí hacemos un análisis comparativo entre las pinturas chinas y japonesas de la época, se aprecia una gran diferencia entre el comportamiento sexual de uno y otro pueblo. Así, en las representaciones pictóricas del arte erótico chino se aprecia que el hombre casi siempre suplica a la mujer para que esta tenga una relación sexual con él, mientras que en el arte erótico japonés observamos que la reserva y la resistencia femenina son vencidas por la agresividad masculina, que muchas veces llega a ser una relación forzada, casi un estupro.

En el siglo IV, el maestro Pao Pu Tzu escribió sobre el feng shui que: «El mejor remedio y el mejor alimento del mundo entero no le ayudarán a obtener una larga vida si no conoce y práctica el feng shui del amor».

El emperador Huang Ti pidió a sus asesoras Hsüan Nü y Su Nü que hicieran una comparación entre el hombre y la mujer, y estas contestaron unánimemente que: «Desde tiempos remotos se comparaba la comunión del hombre y la mujer con el fuego y el agua, pues tanto unos como otros son capaces de matar, pero también pueden dar la vida. Todo dependerá del verdadero conocimiento del Tao transmitido por el feng shui del amor. Cuando el hombre posee ese conocimiento, cuanto mayor es el número de mujeres con las que ha hecho el amor, mucho mejor para su salud; pero cuando lo desconoce, basta apenas una mujer para llevarlo a la tumba».

Hasta hace poco tiempo, en nuestros medios occidentales no se tenía en cuenta la importancia de la satisfacción femenina, que era considerada una idea revolucionaria. Tanto fue así que, para ser aceptada, prácticamente fue necesaria la «revolución sexual» de los años 60.

Sin embargo, en la antigua China, debido a los conocimientos de la filosofía taoísta transmitidos por el feng shui del amor, la mayoría de los textos insistían en la importancia de la armonía mutua y de la igualdad en las relaciones sexuales entre hombres y mujeres, cuya posición y consideración en la sociedad eran respetadas como la de los hombres.

Hasta nosotros han llegado los registros de los conceptos básicos del feng shui del amor, que se distinguen de los demás estudios sexuales, y son:

— El primer concepto es que el hombre debe aprender a descubrir el intervalo correcto de eyaculación, adecuado a su edad y a sus condiciones físicas. Esto lo fortalecerá tanto que podrá hacer el amor siempre que lo desee, pudiendo prolongar el acto del amor por el tiempo suficiente (o reducirlo si fuera el caso) para alcanzar la satisfacción completa de su compañera.

— El segundo concepto es que el hombre debe controlar su eyaculación en el momento de mayor éxtasis. Los antiguos chinos creían que la eyaculación —sobre todo la descontrolada— no era saludable para el hombre. A partir del momento en que el hombre tome consciencia de tal cosa, descubrirá en el sexo alegrías más grandes y esto le facilitará, consecuentemente, el control de la eyaculación del semen. Este segundo concepto es una revolución en el pensamiento sobre la sexualidad del hombre occidental.

— El tercer concepto es sobre la importancia que tiene que la mujer alcance siempre su completa satisfacción. Este concepto comenzó a ser divulgado en Occidente por los trabajos realizados por los investigadores, como el doctor

Kinsey, en el campo sexual, que tuvo en los últimos años una amplia divulgación y apoyo por parte de los movimientos feministas.

En estos tres conceptos está basada la filosofía del amor de los antiguos chinos que, además de llevar a los hombres y mujeres a hacer el amor con una frecuencia y una duración limitadas solamente por el deseo mutuo, proporcionaron una libertad y una naturalidad sexuales que florecieron durante todo el tiempo en que el taoísmo fue la filosofía dominante, plasmándose a través del feng shui del amor. Proporcionó al pueblo una armonía sexual, poniendo a los individuos en comunión con la naturaleza que se armonizaba e integraba en ellos, poseyendo matices sexuales propios. La Tierra, por ejemplo, es la hembra, el elemento *Yin*; el Cielo es el macho o *Yang;* la interacción de los dos constituía el Todo y, por extensión, la unión entre hombres y mujeres era igualmente importante pues también creaban la unidad.

Desde los prolegómenos, las mujeres siempre desempeñaron un papel significativo en el feng shui del amor, salvo el periodo mencionado, en que fueron relegadas a un segundo plano. Su importancia fue ampliamente ilustrada en los textos del taoísmo del feng shui del amor, muchos de los cuales llegaron a nuestros días escritos en forma de diálogos. Entre estos se encuentran los del emperador Huang Ti y sus consejeras, escritos en un lenguaje descriptivo y al mismo tiempo poético. El «phallus», por ejemplo, se transforma en *asta de jade* (*yü hêng*), y la «vulva» en *portal de jade* (*yü mên*).

Es notable que los chinos jamas hayan usado, en sus textos sobre asuntos sexuales, términos peyorativos y expresiones obscenas como las que usan hoy en día las personas occidentales. Su relación con el sexo es muy abierta y desinhibida, lo que los imposibilitaba expresar o usar expresiones sexuales con «palabrotas» o de bajo nivel.

Podemos verificar la importancia de hacer el amor, en el diálogo del emperador Huang Ti con su consejera Su Nü Ching, en el que pregunta: «Estoy cansado, estoy en inarmonía. Estoy triste y aprensivo. ¿Qué debo hacer para solucionarlo?». A lo que la consejera responde: «Toda debilidad del hombre se debe atribuir a las diferentes formas de hacer el amor. La mujer, en términos sexuales y de constitución, es más fuerte que el hombre, como el agua es más fuerte que el fuego. Los que practican el feng shui del amor son como los buenos cocineros que saben mezclar los cinco sabores y hacer con ellos un delicioso plato, así, armonizan el *Yin* (femenino) y el *Yang* (masculino), mezclando las cinco alegrías y obteniendo con ellas un placer celestial, y los que no lo practican morirán antes de tiempo sin haber apreciado (gozado) el placer de amar. ¿No será esto lo que Su Majestad debería estar buscando?».

El emperador Huang Ti decide contrastar el consejo recibido preguntando a Hsüan Nü, otra consejera, lo siguiente: «Su Nü me enseñó a alcanzar la armonía del Yin y el Yang. Ahora deseo oír lo que tú sabes sobre el asunto, para que yo pueda confirmar lo que aprendí».

Hsüan Nü respondió: «En nuestro Universo todas las vidas se crean a través de la armonía del *Yin* y del *Yang*. Cuando *Yang* consigue la armonía de *Yin*, todos sus problemas estarán solucionados, y cuando *Yin* consigue la armonía de Yang, todos los obstáculos desaparecerán de su camino. Tanto *Yin* como *Yang* siempre se deben prestar asistencia mutua. Así, cuando el hombre se siente firme y fuerte, la mujer estará dispuesta a recibirlo dentro de sí, llegando los dos a la armonía, teniendo un benéfico intercambio de energías y de secreciones que los alimentaran recíprocamente».

Entonces, el emperador Huang Ti, ansioso por saber cómo podía observar la satisfacción femenina de acuerdo con el tercer principio del feng shui del amor, preguntó a Su Nü: «¿Cómo puede el hombre observar y respetar los deseos y la satisfacción de su mujer?».

Su Nü respondió: «Hay diez indicios que el hombre debe observar para saber cuándo la mujer está por alcanzar su satisfacción y lo que debe hacer ante ellos. Estos principios son:

1. Cuando la mujer toma el «asta de jade» (pene) provocando un movimiento de la parte inferior de la espalda del hombre, cuando ella saca la lengua y lo chupa, intentando excitarlo, indica que está muy excitada.

2. Cuando el cuerpo perfumado de la mujer se echa de espaldas, con sus miembros estirados y respira por la nariz, jadeante, indica que desea ser penetrada.

3. Cuando abre la palma de las manos para jugar con el excitado «martillo de jade» del hombre, girándolo, indica que está deseando recibirlo.

4. Cuando se mueven los ojos y las cejas, la voz emite sonidos guturales o palabras alegres y divertidas, indica que está intensamente excitada.

5. Cuando, con las dos manos, coge sus pies para separar bien las piernas, abriendo de par en par el «portal de jade» (vagina), indica que lo está apreciando muchísimo.

6. Cuando entreabre la boca, sacando la lengua y se queda como si estuviese medio soñolienta, medio borracha, indica que su vulva anhela penetraciones cortas, profundas y vigorosas.

7. Cuando estira los pies y los dedos de los pies e intenta retener dentro de ella el martillo de jade, pero no sabe de qué manera desea ser penetrada y al mismo tiempo murmura en voz baja, significa que la marea de Yin se aproxima.

8. Cuando de repente dobla la cintura, respira levemente y, al mismo tiempo, sonríe, indica que no quiere que él termine, pues todavía quiere más.

9. Cuando el placer va aumentando, la sensación de que la marea de Yin está llegando, pero ella aún lo aprieta con firmeza, indica que todavía no está satisfecha.

10. Cuando el cuerpo está caliente y mojado por la respiración jadeante, las manos y los pies relajados, indica que está plenamente saciada.

4.1. El placer de la relación sexual

El verdadero placer sexual de una pareja que tiene afinidad el uno con el otro se alcanza cuando los amantes intentan cultivar y desarrollar su capacidad de hacer el amor de la forma más poética y embriagante posible, libres de todo pensamiento malo o mezquino, alejando los celos, las vanidades personales, los intereses, etc., y pensando solamente en el placer de entregarse, de darse sin esperar nada a cambio. De esta forma, ciertamente, se recibirá mucho más. Entonces los amantes podrán alcanzar la verdadera alegría de amar que, cuando se conoce, jamás podrá satisfacerse con menos.

El iniciado deberá comenzar su aprendizaje para controlar la eyaculación, ejercitándose, abriendo y agudizando todos sus sentidos y facultades como la emoción, el tacto, la vista, el oído, el diálogo y el respeto del espacio del compañero/a, usándolos de una forma lo más amplia posible, dando muchas alegrías al compañero/a, lo que sin duda será devuelto con creces. Los amantes deberán aprender que tanto a los hombres como a las mujeres les gusta que los elogien y aprecien con sinceridad, sobre todo en los momentos de más intimidad, cuando hacen el amor. Igualmente, el iniciado, además de aprender una depurada técnica para hacer el amor de forma completa y embriagante, aprenderá también a alejar las posibles preocupaciones de su mente ya que todavía no posee un control y un dominio perfectos de la eyaculación.

Para retardar la eyaculación, algunos sexólogos occidentales llegan a recomendar que el hombre mantenga una indiferencia exagerada en el momento de realizar el acto sexual. Sugieren que piensen en la política, en su día a día o en los negocios cuando hacen el amor. Algunos sugieren, incluso, que

haga una breve interrupción como fumar un ciga-
rro, por ejemplo.

   Esa sugerencia puede ser eficiente (individual-
mente) para el control de la eyaculación, sin embargo, es un recurso muy pobre y banal cuando se pretende alcanzar el éxtasis o, incluso, una gloriosa armonía con la compañera, pues esta, sin duda, se quedará
resentida con el distanciamiento o el poco caso del
compañero. Hay muchas otras cosas más agradables y
placenteras en las cuales el hombre puede pensar;
entre ellas tenemos: la textura y la suavidad del cabe-
llo, la delicadeza de la piel, el aroma intrigante y mis-
terioso del sexo, las curvas del cuerpo, los labios y la
lengua perfumados y húmedos y aun los labios y la *yü
mên* (vagina) húmeda de la compañera. Mas la naturaleza generalmente sigue su curso y, antes o después,
cualquier hombre sano llegará al punto crucial de
querer eyacular, sobre todo si es joven y está en la
edad en la que se cree que es muy difícil controlarse.
Esto, sin embargo, es un mito, pues existen medidas
que derivan del feng shui del amor que, tanto los jóvenes como los mayores, pueden adoptar cuando sienten la inminencia de la eyaculación.

   A continuación describimos algunos métodos
sugeridos por el feng shui del amor para el control
de la eyaculación.

4.2. El control de la eyaculación

   El feng shui del amor considera que el hombre
representa la energía o fuerza vital Yang, la cual posee
todos los atributos de la masculinidad, siendo más

volátil, más activa y más rápida que la de la mujer, que, a su vez, está representada por los atributos de la fuerza vital Yin, la energía femenina, más suave, de movimientos más tranquilos y lentos, sin embargo es la más fuerte de las dos. Se suelen comparar las dos fuerzas con el fuego y el agua, pues el fuego pertenece a Yang y, aunque se inflame con rapidez, siempre está dominado por la fuerza Yin del agua. No obstante sean fuerzas distintas, en verdad forman parte de una unidad elemental, completándose entre sí.

El maestro del feng shui del amor Wu Hsien (Dinastía Han, 206 a. de C.-219 d. de C.) usaba esa analogía para explicar el sexo físico, apoyando lo que sus colegas decían respecto a que hombres y mujeres tienen diferentes tiempos de excitación y diferentes tiempos de exaltación, lo que fue confirmado por los modernos sexólogos como el doctor Irving Singer en su libro *The Goals of Human Sexuality* (pág. 50). En él informa que la mayoría de los compañeros sexuales están preocupados por «gozar juntos», diciendo: «Es común encontrar mujeres que esperan encontrar un compañero capaz de eyacular en el momento en que ellas alcanzan el orgasmo; y, de la misma manera, para muchos hombres esa especie de simultaneidad significa unidad emocional y prueba de amor recíproca. Esto revela, con frecuencia, una armonía entre dos personas que consiguen afinar, cada una de ellas, su placer con las necesidades e inclinaciones del compañero. Con certeza, una persona podrá disfrutar mejor de la relajación que viene después de hacer el amor si el compañero también consiguió satisfacerse casi en el mismo momento».

Por otro lado, también en las costumbres occidentales, el control de la eyaculación constituyó una parte muy importante de las relaciones sexuales y, en consecuencia, una de las partes más importantes del feng shui del amor. Entre las recomendaciones de Wu Hsien a los iniciados en el arte del amor, encontramos los siguientes consejos:

1. Se recomienda al iniciado que no esté durante mucho tiempo excitado o apasionado.
2. El iniciado debería comenzar con una mujer no muy atractiva, cuyo portal de jade (vulva) no esté muy cerrado. Con una mujer así tendrá más facilidad para aprender a controlar su eyaculación. Si ella no es muy bonita, él no perderá la cabeza; y si el portal de jade no está muy cerrado, él no llegará a estar muy excitado.
3. El iniciado debe aprender a penetrar con su «asta de jade» todavía blando y salir con él endurecido.
4. El iniciado debe intentar el método de las tres penetraciones cortas y una profunda y realizar de esa forma una serie de ochenta y una penetraciones.
5. Si sintiera que empieza a estar muy excitado, debe interrumpir inmediatamente los movimientos de las penetraciones y retirar el pico de jade, dejándolo dentro del portal de jade cerca de tres centímetros o un poco más (método del candado). Debe esperar a tranquilizarse y entonces retomar las penetraciones con el mismo método de tres cortas y una profunda.

6. A continuación, puede intentar el método de cinco penetraciones cortas y una profunda.
7. Por último, debe intentar nueve penetraciones cortas y una profunda.
8. Para que pueda aprender a controlar la eyaculación, el hombre debe evitar impacientarse.

Wu Hsien, también recomienda, de una forma clara, el qué y el cómo se debe hacer:

1. Para sentir y recibir el placer máximo se debe amar al compañero/a. Mientras que está aprendiendo y ejercitando el control de la eyaculación, debe hacer un esfuerzo para estar tranquilo y mantenerse indiferente.
2. El iniciado debe penetrar gentil y suavemente a su compañera y consumar la primera serie de penetraciones, después la segunda y, por fin, la tercera. Entonces debe parar por un momento para recomponerse y a continuación volver a empezar una vez más.
3. Con la intención de satisfacer a la compañera, debe ser bondadoso y amable para que ella alcance el orgasmo rápidamente. No obstante, si sintiera que está a punto de perder el control de sí mismo, debe retirar parte del pico de jade y usar el «método del candado». Así, podrá calmarse e iniciar nuevamente las penetraciones. El iniciado debe realizar las penetraciones despacio y cuidadosamente.

Se recomienda a aquel que quiera iniciar su vida sexual que evite las prostitutas. Aunque ellas puedan desempeñar un papel importante en el aprendizaje del control de la eyaculación, existe el peligro de contraer una ETS (enfermedad de transmisión sexual); además, existe el peligro de que al ser una mujer con mucha experiencia, y para conseguir que el hombre eyacule rápidamente, recurra a la felación (sexo oral). Sabemos que pocos hombres consiguen resistir a las lametadas de la lengua de una mujer acompañadas de succiones profundas y suaves, que son la praxis del sexo oral; por lo tanto, no conseguirá mantener el control de la eyaculación.

Para los antiguos seguidores del feng shui del amor, siempre existe un cierto peligro en la felación, sobre todo para los iniciados, aunque se considere una parte importante de los juegos preliminares —lo mismo que el *cunnilingum* (sexo oral en el cual el hombre besa la vagina)—, conlleva la amenaza de una eyaculación descontrolada.

Muchas mujeres desarrollan a lo largo del tiempo su propio patrón para hacer el amor que, en general, es satisfactorio para ellas. Por ejemplo, pueden necesitar que el hombre eyacule para satisfacerse. Otras están condicionadas y creen que si él no eyacula es porque no estaba realmente excitado o ella no le gustaba.

Aparentemente, aprendemos desde los bancos de la escuela que la eyaculación es un alivio de tensión obtenido de una forma explosiva. Según el feng shui del amor, ese concepto está equivocado, pues aun no habiendo eyaculación es posible aliviar esa tensión, solo que no habrá esa explosión sensorial. Es un placer indescriptible de paz y no de violencia; es una fusión de satisfacción sensual y duradera con algo que trasciende a la propia persona. Es una sensación de integridad y no de separación; es un espasmo envolvente, compartido, y no un espasmo exclusivo, especial, mucho mayor que la simple eyaculación, no pudiéndose comparar con la sensación que esta produce.

Si no, veamos: con la eyaculación, el hombre, incluso el más experto, siente una rápida sensación similar a una corriente benéfica que le recorre todo el cuerpo y después se queda completamente cansado, los oídos le zumban, los ojos están pesados, una lasitud recorre su cuerpo y lo que desea es dormir. Muchas veces se queda con la boca seca, tiene sed y sus miembros se quedan inertes o duros, y, en general, se siente acometido por una profunda y real fatiga que en última instancia no es el verdadero placer.

Por otro lado, si el hombre reduce o regula la eyaculación al mínimo absoluto, su cuerpo se fortalece, la mente se relajará, la vista y la audición mejorarán sensiblemente y el mismo amor que siente por la mujer aumentará sobremanera. Por todo ello, el feng shui del amor pone un énfasis decisivo en el control de la eyaculación, sobre todo considerando la edad y el estado de salud de la persona. Esta no fue una postura arbitraria de los maestros del feng shui del amor, es fruto de una cuidadosa y larga serie de observaciones alcanzadas después de cientos de años de observaciones, después de las cuales los maestros llegaron a la conclusión de que el semen masculino es una esencia vital y que, como tal, no se debe derrochar o dilapidar de forma descontrolada.

La mayoría de las mujeres considera que es un deber suyo hacer que el hombre eyacule, y llegan hasta el extremo para conseguir ese objetivo, yendo contra los principios del feng shui del amor, que, como vimos, considera que el verdadero placer no proviene del hecho de eyacular.

A partir del momento en que la mujer vive, inesperadamente, una satisfactoria experiencia de amor, raramente recurrirá a otro tipo de relación o a la práctica de la masturbación. Masturbación y sexo puro, sin calor, sin sentimientos, sin comunicación, es un simple acto mecánico y una pérdida innecesaria de semen (*ching*).

De la misma forma, el hombre, cuando hace el amor con una mujer, no se debe comportar como si estuviera masturbándose. Pues para la mujer no hay nada más frustrante, más decepcionante, que descubrir que su amante está solo preocupado por su propia eyaculación.

El amor debe ser una verdadera comunión entre los dos sexos, pero desgraciadamente muchos hombres y mujeres no expresan la ternura, la alegría y la satisfacción que el sexo les proporciona. Para ellos el sexo es un simple movimiento mecánico que en nada difiere de la masturbación; es como si la mujer no existiese para ellos. El resultado para todos los implicados es una gran decepción. Algunos hasta llegan a pensar que están satisfechos. Y es que, de hecho, jamás tuvieron la oportunidad de conocer lo que es el verdadero amor placentero; muchos ni siquiera se percatan de que jamás conseguirán, de esa forma, alcanzar la armonía entre el *Yin* y el *Yang*.

La verdadera alegría de amar es un éxtasis de dos cuerpos y dos almas que se encuentran al unísono, bajo los compases de una música melódica en un ambiente pleno de poesía. Al encontrar a la pareja ideal, el hombre debe intentar y, en verdad, hacer el amor con ella de la forma más embriagante y poética posible.

Los seguidores del feng shui del amor creen que el amor y el sexo no se deben separar, porque el amor sin sexo es frustrante y carece de la armonía de Yin y Yang que da a la vida paz y serenidad. Por otro lado, el sexo sin amor es una función simplemente biológica que en nada nos acerca a la tranquilidad y a la reciprocidad que necesitamos.

Muchas personas se satisfacen solamente con el orgasmo alcanzado a través del acto sexual puro, exento de sentimientos que, posiblemente, para ellos puede incluso constituirse en una cierta alegría o motivación de vida; pero para nuestra visión es una alegría efímera, y no la embriagante y verdadera combinación que el amor y el sexo nos pueden proporcionar con la armonía entre el *Yin* y el *Yang*.

4.3. Frecuencia de la eyaculación

A medida que el hombre envejece debe reducir el número de eyaculaciones en relación con la frecuencia con que hace el amor, lo que equivale a decir que, para un mismo número de coitos, la cantidad de eyaculaciones debe ser menor. Independientemente de cuántas veces haga el amor o de cuán fuerte sea físicamente, un hombre con una edad superior a los 50 años de edad podrá hacer el amor diversas veces al día, a la semana o al mes, como quiera, pero lo que importa es que debe reservarse y eyacular lo mínimo posible, como máximo una vez a la semana.

Para los maestros del feng shui del amor, la retención del semen es una realidad, aunque muchos sexólogos modernos sustentan la tesis de que el hombre, por el hecho de producir su semen «ininterrumpidamente», teóricamente no debería sufrir ningún problema por su emisión en las frecuentes eyaculaciones. Usando un cierto buen sentido, podemos comparar la eyaculación con el acto de donar sangre que, en términos fisiológicos, son funciones semejantes. Para los médicos, no existe ningún problema en donar sangre, pues argumentan que todo ser humano sano se reabastece rápidamente de la misma. Pero, en la práctica, esos mismo médicos recomiendan que se debe donar sangre con un intervalo mínimo de tres meses, independientemente de la edad del donante. Aun tomando esa precaución, algunas personas se sienten cansadas o sufren mareos o vértigos cuando donan sangre.

Lo mismo puede ocurrir con los hombres que eyaculan demasiado, desperdiciando semen, motivo por el cual algunos de más edad se preservan, evitando hacer el amor con mucha frecuencia. Sin embargo, si aprendieran a regular la eyaculación, podrían separar la relación sexual del hecho de eyacular y, por consiguiente, podrían hacer el amor siempre que lo desearan.

Aprender a controlar la eyaculación merece una nota aparte y un énfasis especial, pues esa práctica se convierte en el camino adecuado para obtener, además de un buen desempeño sexual, condiciones físicas y energéticas para conseguir la longevidad. En un viejo libro escrito por Chang Chan, editado en la China en el siglo VII y traducido al inglés con el título de *Longevity Principles* (Principios de la longevidad), el autor plantea diversas teorías, incluyendo una tabla para el control de la eyaculación, propuesta por un maestro del feng shui del amor, Liu Ching, que dice: «En la primavera, el hombre puede permitirse el lujo de eyacular una vez cada tres días; en el verano y el otoño, el hombre puede eyacular dos veces al mes, y durante el invierno debe ahorrar las energías de su semen, evitando eyacular, pues para encontrar el camino del Cielo es necesario acumular la esencia Yang durante ese periodo. Siguiendo esa tabla, el hombre podrá alcanzar la longevidad, pero no debe olvidar que una eyaculación en el riguroso invierno es cien veces más perjudicial que en la primavera».

Los estudiosos del feng shui del amor consideran que la preservación de la esencia Yang fortalece la fuerza Yin en el hombre, alcanzando el equilibrio que lo aproxima al Cielo. Por lo tanto, es de suma importancia alimentar la esencia Yang con la esencia Yin. Esto está confirmado en casi todos los antiguos textos taoístas, de donde deriva el feng shui del amor, que insisten en la importancia de hacer el amor frecuentemente, evitando eyacular. Así, cuanto más se hace el amor, tanto más se beneficia de la armonía de Yin y Yang; y cuanto menos se eyacula, tanto menos se pierden los beneficios de esa armonía.

Sobre el asunto, el emperador Huang Ti decía a su consultora Su Nü: «Me gustaría conocer los beneficios de no eyacular con mucha frecuencia».

Su Nü respondió: «Cuando el hombre ama una vez sin perder semen, fortalecerá su cuerpo. Si ama dos veces sin perderlo, su vista y su oído se harán más agudos. Si ama tres veces sin perder el semen, es posible que desaparezcan todas sus enfermedades. Si ama cuatro veces, tendrá paz en su alma. Si ama cinco veces, el corazón y la circulación de la sangre estarán revitalizados. Si ama seis veces, el vientre se pondrá duro. Si ama siete veces, las nalgas y los muslos se volverán más fuertes y poderosos. Si ama ocho veces, la superficie de la piel se hará tersa. Si ama nueve veces, alcanzará la longevidad. Si ama diez veces sin pérdida de semen, entonces él será inmortal».

En el texto anterior, salvando las exageraciones poéticas, se nota que el autor espera que su mensaje transmita al lector la importancia de que el hombre debe ahorrar su semen a través del control en el acto de hacer el amor.

A continuación, transcribimos las recomendaciones de uno de los maestros más versátiles del feng shui del amor, cuyo nombre es Sun S'sú-Mo. Él nació en la China en el año 581 d. de C., viviendo hasta los 101 años. A los 79 años de edad recibió del emperador T'ang el título de Chen-jen u «Hombre de sabiduría», y al final de su vida el pueblo lo llamaba Jo Hwang, que significa «Rey de la Medicina». Fue médico, adepto del taoísmo y especialista del feng shui del amor. Hizo grandes cosas, pues inventó la vacuna contra la viruela; dividió los tumores en cinco tipos, desarrollando un tratamiento para cada uno de ellos; demostró también notables muestras de genio, anticipando que la tuberculosis estaba causada por pequeñas criaturas que se comían los pulmones.

Para él, todo hombre que consiguiese hacer el amor cien veces sin eyacular, ni siquiera una vez, podría tener una vida muy larga. Sostenía la teoría de que cuando el *ching* (esencia o semen) del hombre escaseara, él enfermaría, agontándose por completo hasta morir.

Enseñaba que la medida ideal era, como mínimo, realizar cien veces el coito sin eyacular. Como creía que no había muchos hombres que conseguían alcanzar esa meta, entonces estableció un patrón más simple que pudieran adoptar la mayoría de los hombres: «El hombre puede tener una vida larga y saludable, haciéndola longeva, si mantiene frecuentes relaciones sexuales eyaculando como máximo dos veces al mes o, lo que es lo mismo, veinticuatro eyaculaciones al año. Al mismo tiempo, debe mantener una alimentación sana, acompañada periódicamente de ejercicios saludables».

Además de la tabla mencionada, sugirió otra, haciendo referencia a la edad del hombre, como sigue: «Un hombre de veinte años puede tener una eyaculación cada cuatro días. Un hombre de treinta años puede tener una eyaculación cada ocho días. Un hombre de cuarenta años puede tener una eyaculación cada diez días. Un hombre de cincuenta años puede tener una eyaculación cada veinte días. Un hombre por encima de los sesenta años no debe eyacular más. Sin embargo, si fuera excepcionalmente fuerte y sano, podrá eyacular una vez al mes».

Sun S'sú-Mo jamás sugirió que hombres que fuesen fuertes y sanos debiesen contener por completo la eyaculación. Él escribió: «Cuando el hombre posee un gran vigor físico, la abstinencia puede perjudicarle; así, si deja de eyacular durante un periodo muy largo, podrá padecer de espinillas y forúnculos en la piel». La única excepción que Sun S'sú-Mo hacía era para las personas extremadamente místicas, para las cuales consideraba recomendable la abstinencia total de la eyaculación.

S'sú-Mo incentivaba que hombres y mujeres mantuviesen relaciones sexuales frecuentes, incluso varias veces al día, si fuera posible, pues argumentaba que solo así se alcanzarían las ventajas de la armonía de *Yin* y *Yang*. Escribió: «El hombre no puede vivir sin mujer, la mujer no puede vivir feliz sin un hombre. El hombre sin mujer estará siempre ansiando una hembra y esa ansia le agotará el espíritu. Y cuando el espíritu se cansa, el hombre no consigue vivir durante mucho tiempo. Cuando alguien intenta suprimir la necesidad natural de eyacular en determinados intervalos, para mantener el *ching*, es muy difícil y necesita mucho entrenamiento; sin embargo, es más fácil perder el *ching*, algo que puede suceder por la noche, contaminando la orina, o en sueños cuando sufre de la enfermedad de copular con los fantasmas. Si pierde el *ching* de esta manera, el daño será mucho mayor».

4.4. Cómo descubrir la frecuencia ideal de su eyaculación

Todas las personas deben tener presente que no existen impedimentos de edad para hacer el amor —a no ser que el médico lo recomiende por algún motivo importante que justifique la abstención—; las relaciones sexuales deben formar parte del «menú» diario de todas las parejas que disfrutan de buena salud, pues cuanto mayor es la frecuencia con la que se hace el amor, tanto más se beneficiarán con la armonía de *Yin* y *Yang*.

No existe un hombre idéntico a otro, por lo tanto todos son diferentes, ya sea en las condiciones físicas, psíquicas o emocionales, en el tamaño del pene, en la energía sexual, etc., factores importantes en la determinación de las frecuencias de las emisiones seminales de cada uno. La mejor forma de determinar la frecuencia ideal de la eyaculación para un determinado hombre que hace el amor diariamente o dos o tres veces al día —suponiendo que sepa controlar su eyaculación— son las observaciones que este hace después de una relación sexual en la cual eyaculó.

Así, si después de eyacular se siente ligero, feliz, fuerte, lleno de energía y motivado para vivir, entonces habrá encontrado la frecuencia correcta para eyacular. El método es directo y viene de la auto-observación; así, por ejemplo, si un hombre con más de cincuenta años de edad se siente cansado después de eyacular una vez cada tres días, debe pasar a eyacular una vez cada seis días; si aun así, todavía se siente cansado y tarda en recuperar sus fuerzas, entonces debe dejar un intervalo mayor entre sus eyaculaciones.

Nadie debe seguir rígidamente o hacerse esclavo de una determinada frecuencia de eyaculaciones, pues muchos factores externos pueden influir en ella. Por ejemplo, si ese hombre tiene una semana difícil, con exceso de trabajo y muchos problemas que resolver, tal vez deba eyacular menos. Sin embargo, si estuviera de vacaciones, disfrutando de un apacible descanso, con la cabeza libre y ligera, tal vez pueda eyacular más.

En la primera fase del aprendizaje del control de la eyaculación, el hombre no debe preocuparse si aparece alguna presión en los testículos, pues eso es natural debido al proceso de cambio en los hábitos sexuales. A muchos hombres, en ese punto, les sobrecoge un cierto temor de que puedan surgir problemas con su virilidad y desisten de la lucha.

Adquirir el control de la eyaculación es una habilidad como otra cualquiera, y para aprenderla correctamente son necesarios muchos ejercicios prácticos hasta que se obtenga el dominio y el cuerpo se adapte a esa conducta y acabe siendo la cosa más natural del mundo.

4.5. Anomalías que se pueden corregir con el feng shui del amor

Anomalías o deficiencia son nombres genéricos y confusos, englobando una pequeña disfunción de los órganos sexuales, que la mayoría de las veces se pueden resolver fácilmente a través de uno de los métodos del feng shui que presentamos a continuación, como, por ejemplo, el método del *candado* o la técnica del apretado.

4.5.1. Eyaculación precoz

En las últimas décadas se han hecho muchos estudios sexuales e investigaciones sobre la eyaculación precoz con el propósito de determinar los patrones científicos que estableciesen quién puede ser considerado portador del problema; esto porque nuestra tumultuosa vida cotidiana llega a afectar la salud de los hombres, sobre todo en el aspecto psíquico y emocional, llenando los consultorios médicos con problemas de tensión, de estrés sexual, entre los cuales se destaca la eyaculación precoz.

Entre los sexólogos estudiosos de la eyaculación precoz tenemos a los doctores Martin Kinsey y Pomeroy, que concluyeron, en el libro *Sexual Behaviour in the Human Male* (pág. 530), que: «Todo hombre que no consigue mantener el pene dentro de la vagina de la compañera más de dos minutos sin tener un orgasmo, es un eyaculador precoz». Los doctores Masters y Johnson escriben, en el libro *Human Sexual Inadequacy* (pág. 92), que un eyaculador precoz es todo aquel que «no consigue controlar su propio proceso de eyaculación durante la permanencia intravaginal, manteniéndose un periodo de tiempo suficiente para satisfacer a su compañera en un mínimo de un 50 por 100 de sus relaciones sexuales». Por las definiciones anteriores, podemos concluir que el concepto de los científicos occidentales considera que un hombre es un eyaculador precoz cuando se satisface más de la mitad de las veces en las que se satisface su compañera. Este concepto no podría ser aceptado en la China, pues, para los seguidores del feng shui del amor, todo hombre que no consigue retardar su placer hasta que la compañera se satisfaga completamente en todas las relaciones sexuales todavía necesita mucho entrenamiento.

La eyaculación precoz muchas veces no es un defecto sino un simple descontrol de la función sexual, fruto de la inexperiencia, como es el caso de la mayoría de los jóvenes en los que está en auge su potencial sexual. Cuando inician su vida sexual, emiten eyaculaciones rápidas y descontroladas que no consiguen dominar. Debido a la poca experiencia, permiten que su excitación sobrepase «el punto sin retorno», por lo que inevitablemente eyacularán. Esos jóvenes, en general, por vergüenza o recato, nunca buscan a alguien con más experiencia que pueda orientarlos, lo que coincide normalmente con que la compañera también es inexperta y no colabora mucho con sus conocimientos; de este modo dejan que sea el tiempo el que se encargue de aportarles la experiencia necesaria, o escuchan de las amigas o amigos consejos provenientes muchas veces del «he oído decir», que muchas veces perjudica su desempeño sexual más de lo que ayuda.

Para la mayoría de los hombres con poca experiencia, hacer el amor con una mujer que tenga la vagina cerrada (joven o incluso virgen) es siempre una ocasión en la que encuentra muchas dificultades para controlar su eyaculación; en este caso, no puede ser considerado como un eyaculador precoz.

4.5.2. Eyaculación insuficiente

Muchas veces, un hombre puede encontrarse en una situación en que tiene dificultades para eyacular o no eyacula lo suficiente. En este caso, durante el aprendizaje del control de la eyaculación, es posible que sienta un cierto malestar o una presión en el escroto, que puede ser psicológico o no. Al eyacular una vez cada tres coitos, si el malestar persistiera, debe aumentar la frecuencia de las eyaculaciones.

Lo mismo ocurre si, haciendo el amor una o dos veces al día, durante una semana, al eyacular solamente una vez siente una presión persistente en el escroto, entonces es necesario que aumente su frecuencia de eyaculación.

Algunas veces, al hombre le acomete una fuerte sensación de lasitud o fatiga. Estos pueden ser también síntomas de que eyacula insuficientes veces y debe intentar aumentar ligeramente la frecuencia de las eyaculaciones.

4.6.   El beso en el feng shui del amor

Muchos occidentales creen que los chinos no se besan porque no se saludan en la calle, dándose besitos en las mejillas los unos a los otros. Incluso pueden parecer un pueblo recatado, pero los antiguos chinos trataban el beso erótico con mucha seriedad, como una parte inalienable de la comunión sexual.

El feng shui del amor considera que es muy importante el beso erótico profundo, diferenciándose poco del acto de la relación sexual propiamente dicha. El *cunnilingum* y la felación (sexo oral) están considerados como uno de los medios más eficientes para excitar al hombre o a la mujer. Pero se debe poner una atención especial para que el hombre no se deje llevar por las sensaciones y no pueda controlar la eyaculación.

La mujer necesita aprender a relajar los músculos de la boca para realizar satisfactoriamente la *felación,* pues si están tensos o rígidos no conseguirá proteger los dientes con los labios y puede suceder que, en vez de chupar el *yü hêng* (pene) del compañero, lo hiriera con los dientes de forma que este no conseguiría obtener la armonía del Yin y del Yang.

El *cunnilingum* no presenta ese inconveniente, por ese motivo es muy apreciado por la mayoría de las mujeres.

Siempre que los compañeros lo aprecien, el beso erótico se debe realizar con la mayor frecuencia posible y cada uno debe beber los fluidos de su compañero, pues el «fluido de jade» es de vital importancia para la armonía de *Yin* y *Yang.*

La única cosa que la pareja debe vencer es la barrera psicológica para aprender a besar todas las partes del cuerpo del compañero/a y que, generalmente, es más fuerte en la mujer. Una vez que está vencida la barrera, se convierte en algo simple besar el cuerpo del compañero o compañera, pero al mismo tiempo se reviste de una importancia fundamental en la armonización del *Yin* y del *Yang.* El beso erótico puede alterar toda una estructura sensorial de la pareja, y hay algunas mujeres que lo consideran muy gratificante y embriagante, incluso pueden llegar hasta el orgasmo.

Respecto al beso en la boca, en términos sensoriales, poco se puede percibir; sin embargo, cuando es apasionado puede ser un verdadero descubrimiento. Muchas veces es más gratificante que una relación sexual de rutina. Por lo tanto, es importante aprender a usar los labios, la lengua y la boca para obtener mayor placer y beneficios mutuos.

La ventaja del sexo oral es que la lengua está controlada por músculos voluntarios, mientras que la vagina y el pene están controlados por músculos involuntarios, lo que significa que, aunque estemos cansados, podemos besar a voluntad durante el tiempo que deseemos, cosa que no podemos hacer con nuestros órganos genitales (sobre todo el pene).

4.6.1. Tipos de besos para armonizar el *Yin* y el *Yang*

Según el maestro del feng shui del amor Wu Hsien, en su libro *The Libation of the Three Peaks* (El beso de los Tres Picos), los besos más convenientes para alcanzar la armonía de *Yin* y *Yang*, son:

a) El beso más alto es aquel en que el «Pico del Loto Rojo» (labios) besa a la «Primavera de Jade» (lengua de la mujer), chupando los dos huecos situados debajo, de los cuales mana un líquido transparente (saliva) que es muy beneficioso para el hombre.

b) Beso en los «Picos Gemelos» (senos) que son chupados amablemente por el «Pico del Loto Rojo» (labios) para extraer la «Nieve Blanca» (leche) que se desprende de los pezones. Ese líquido tiene una coloración blanca y un sabor a dulce. El hombre se beneficia bastante al absorberlo, pero es mucho más beneficioso para la mujer liberarlo porque fortalece su circulación sanguínea, regula su menstruación, relaja su cuerpo y su alma, dejándola feliz y confortable. Afecta también a la producción de los fluidos tanto en el «Pozo Florido» (boca) como en el «Portal Oscuro» (vagina).

c) El beso más bajo se llama «Pico de Hongo Rojo» o «Caverna del Tigre Blanco» que se da en el «Portal de Jade» (vulva). En este beso se absorbe la «Flor Lunar» que es el lubrificante o líquido vaginal que permanece guardado con seguridad en el «Palacio de Yin» (útero) de la mujer, que normalmente permanece cerrado, abriéndose solamente cuando la mujer está muy excitada. En ese momento los fluidos vaginales fluyen abundantemente. Si la pareja estuviera haciendo el amor, en ese momento el hombre debe retirar su «pico de jade», aproximadamente tres centímetros, continuando con las penetraciones y al mismo tiempo besarla en la boca o sorberle los pezones.

d) El beso en los pezones, según la opinión popular, prepara a la mujer para la relación sexual propiamente dicha. Sin embargo, en la práctica no siempre es así, pues las reacciones de una mujer a otra son muy diferentes. En algunas, los senos son tan sensibles que el mero acariciar los pezones puede llevarlas al orgasmo, apreciando mucho que les besen, chupen o laman los senos; a otras, sin embargo, no les gusta.

Todo hombre debe intentar descubrir cuál es la preferencia de su compañera, pues el acto de besar o chupar los senos es muy beneficioso, tanto para él como para ella. Los senos se deben tratar siempre con mucho cariño, pues existe una conexión directa entre los pezones y la vagina, de forma que estimular esos botones tan delicados que son los pezones, besándolos, chupándolos o acariciándolos, proporcionará a muchas mujeres un placer inmenso que se refleja abajo, de tal forma que después el lubricante vaginal desbordará con abundancia. En otras mujeres, poseedoras de bellos o abundantes senos, no existe esa conexión y no les gusta que estos sean manipulados, besados, chupados o lamidos. Por otra parte, el hecho es que las conexiones nerviosas existen, solo que están adormecidas o atrofiadas y necesitan un poco de estimulo, cosa que el hombre habilidoso y con mucha paciencia podrá conseguir en pocos meses.

e) La técnica correcta del beso erótico que envuelve otros sentidos como el oído, el tacto, el olfato, el paladar, consiste en relajar los músculos bucales y faciales para entrar en un contacto íntimo y placentero con los labios y la lengua de la compañera. En efecto, durante un beso profundo, los compañeros deben intentar sorber al máximo y de una forma delicada los labios y la lengua del otro, procurando rellenar los espacios vacíos. Esa es una gran oportunidad que la pareja tiene para comprobar mutuamente su amor, porque si ese cambio de fluidos fuera repulsivo para uno de los dos o para ambos, tal vez la pareja no sea tan armónica cuanto se creía que fuera, debiendo quizá buscar otras relaciones más satisfactorias. Al final, el beso es una especie de termómetro de cómo anda la relación; sin él, el amor carece de una de sus partes más benéficas.

Por otro lado, una boca cerrada y tensa, además de perder buena parte de su sensibilidad, en vez de ajustarse con precisión a la boca del compañero, tiene que luchar contra ella, perdiendo el beso su sensibilidad y la sensación de placer que podría proporcionar.

Por los motivos expuestos, debemos tomar cuidados con la higiene física, bucal y con la salud, porque el hálito maloliente, por ejemplo, que es un síntoma de algún problema en la boca (dientes), en la garganta o en el aparato digestivo, se puede hacer insoportable y, en algunos casos, repelente o agresivo para el compañero; de la misma forma, antes de hacer el amor, trate de estar absolutamente limpio, pues efluvios y fuertes olores de condimentos o de comidas, bebidas o de cigarros pueden ser muy desagradables, sobre todo cuando el compañero no comió las mismas comidas.

4.7. Métodos del feng shui del amor

4.7.1. El método del candado

Es el método más antiguo y, probablemente, el mejor y más simple entre todos los utilizados por los antiguos chinos. Fue descrito por Wu Hsien de una forma pintoresca; a continuación exponemos la secuencia de pasos necesarios a seguir:

1. Un hombre sereno y tranquilo podrá aprender este método rápidamente, entre 15 y 30 días, o tal vez en la mitad de ese tiempo. Wu Hsien recomienda estudiarlo durante un mes, aproximadamente, para que el precioso tesoro del hombre (semen = *ching*) quede a salvo. Un hombre impaciente, ciertamente, necesita más de veinte días de ejercicios para aprenderlo.

2. La ventaja del método del candado es que se puede realizar con simplicidad. Por ejemplo, siempre que el hombre esté aplicando la serie de tres penetraciones cortas y una profunda, puede cerrar los ojos y la boca y respirar profundamente (pero con suavidad) por la nariz. Evitando así estar jadeante o que le falte el aire. Cuando sienta cualquier indicio de perdida de control de la eyaculación, debe erguir la cintura con un único movimiento rápido y retirar el «pico de jade» de tres a cinco centímetros del interior de la vagina, permaneciendo inmóvil en esa posición. Después debe respirar profundamente con el diafragma y, al mismo tiempo, contraer el bajo abdomen como si estuviese haciendo un ejercicio abdominal. Pensando en la importancia de preservar su semen *(ching)* —que no debe ser desperdiciado tontamente— en el momento en que estuviera respirando profundamente, intentará calmarse. Una vez controlada las ganas de eyacular, podrá empezar de nuevo con las penetraciones.

3. Es importante recordar que existe el momento justo en el que se debe retirar el pico de jade (miembro) del portal de jade (vagina), que es cuando se comienza a estar excitado. Si se deja pasar ese punto y se intenta retirar el miembro para disminuir las ganas de eyacular, retrayendo el semen (*ching*) cuando ya estuviera muy excitado, normalmente el flujo no se inhibe y va para la vejiga o incluso a los riñones. En caso de que suceda eso, la persona podrá sufrir algunos dolores en la vejiga, en el intestino delgado o también inflamación y dolor de riñones.

4. En resumen, no obstante el método del candado sea excelente y simple para controlar la eyaculación, se debe aplicar siempre al inicio de la excitación, pues es mejor retirar el pico de jade (miembro) antes de sentir la excitación que cuando ya es demasiado tarde. Al practicar correctamente este método, el hombre estará capacitado para controlar su eyaculación de una forma confortable y segura, sin que su pico de jade se ponga blando. El hombre podrá ahorrar de ese modo su energía (*ching*) con tranquilidad.

De acuerdo con los maestros del feng shui del amor, cuando el aprendiz consigue combinar el método del candado con una profunda respiración a nivel del diafragma, podrá mantener la erección casi indefinidamente. En este caso, dominando esta técnica, no será muy difícil para él satisfacer diez mujeres en una sola noche.

4.7.2. Método del candado modernizado

El método del candado de Wu Hsien que acabamos de describir, ha sido modernizado por los sexólogos norteamericanos liderados por los doctores Masters y Johnson, que lo describen en su libro *Human Sexual Inadequacy,* haciendo más fácil su ejecución. El método consiste simplemente en retirar completamente el pene de la vagina durante 10 a 30 segundos cuando el hombre siente aumentar su excitación, a continuación introduce de nuevo el pene en la vagina para continuar el coito normal. De esta forma se aleja el peligro de la eyaculación, pero, ciertamente, se pierde entre un 10 y un 30 por 100 de la erección que se adquiere nuevamente con el reinicio de las penetraciones.

Este método se puede repetir cuantas veces sea necesario y, en la medida que se gana experiencia, se descubre que la necesidad de retirar el pene va disminuyendo gradualmente hasta llegar al punto en que no es necesario hacerlo más. En realidad, el secreto de este método consiste en percibir exactamente el momento en que se aproxima el punto a partir del cual es imposible controlar la eyaculación, que es llamado, por los médicos antes mencionados, «estadio de inevitabilidad de la eyaculación» o «punto sin retorno».

Aprendiendo a identificar exactamente ese punto, podemos decir que el hombre está apto para controlar la eyaculación. Ese punto es de vital importancia también para aquellos que pretenden retirar el pene de la vagina como método anticonceptivo. En este caso, no hay una seguridad al 100 por 100 porque el pene puede presentar pequeñas pérdidas de semen, aunque sea en poca cantidad, que podrán embarazar a la mujer.

4.7.3. Técnica del apretado de los antiguos chinos

Los antiguos chinos prescribían también otra técnica para el control de la eyaculación, que consiste en la comprensión o apretado de un punto situado entre la raíz del escroto y el ano. Esa técnica es bastante simple y se puede utilizar en casi todas las posiciones por el mismo hombre, aplicando una presión con los dedos medio e índice de la mano izquierda, durante tres o cuatro segundos, en dicho punto. Al mismo tiempo que aplica la presión, debe respirar profundamente.

El método en sí es muy simple y presenta varias ventajas sobre los otros, pues no es necesario retirar el pene de dentro de la vagina, no hay perdida de erección y no se pierde tiempo en decir nada a la compañera, lo que, dependiendo del caso, a veces puede ser incómodo.

4.7.4. La técnica del apretado ejecutada por la compañera

Esta técnica de control de la eyaculación está indicada por los sexólogos norteamericanos para utilizarla por amantes expertos o que ya poseen un cierto entendimiento entre sí, pues consiste en un ejercicio de comprensión y especialmente de coordinación entre el hombre y la mujer durante su relación sexual.

En este método, los amantes mantienen un coito normal en el cual adoptan la postura en la que el hombre queda echado y la mujer lo cabalga, asumiendo la posición de «hembra superior».

El hombre avisa a la mujer cuando empieza a estar muy excitado, en ese momento ella se levanta rápidamente, retirando el pene de la vagina y tomándolo con los dedos, comprime la región coronal (glande o cabeza) durante tres o cuatro segundos. Con esa presión el hombre pierde el impulso de la eyaculación, pudiendo también perder entre el 10 y el 30 por 100 de su erección. A continuación la mujer afloja la presión en el pene, esperando todavía unos 15 ó 20 segundos, después de lo cual introduce nuevamente el pene en su vagina, continuando el acto sexual. Este procedimiento se puede practicar varias veces en el mismo coito.

Este método presenta algunos problemas para los iniciados, pues exige una buena compenetración con la mujer tanto en el momento de retirar como en el de introducir de nuevo el pene en la vagina, pues este queda parcialmente blando, y volverlo a colocar no es tan fácil como parece. Si la mujer tarda mucho, el pene se puede marchitar y eso significa el fin de la erección. Otro problema es consecuencia de la postura. No todas las parejas la pueden adoptar porque exige una cierta flexibilidad de la mujer y también que el hombre tenga una erección plena y firme, cosa que muchos tienen alguna dificultad en obtener.

4.7.5. Feng shui del amor para hombres con experiencia

Para las personas con experiencia o con más edad, el control de la eyaculación es más fácil que para los jóvenes. El principal problema para los hombres de más edad es cambiar los conceptos e ideas arraigadas y adquiridas a lo largo de los años respecto a la necesidad de eyacular cada vez que se hace el amor. Es obvio que, después de muchos años de condicionamiento consciente e inconsciente, eliminar esos conceptos exigirá de él un tremendo esfuerzo y mucho empeño, pero cuando logre cambiar su pensamiento se dará cuenta que con una pequeña práctica se habilitará fácilmente a tener relaciones sexuales con un vigor renovado, y que, con la nueva técnica, no necesita eyacular.

Adquiriendo esa técnica, las personas de más edad conseguirán hacer el amor con mayor frecuencia y más duración que antes, beneficiando también a la compañera, que sentirá más placer, porque ambos dispondrán de más tiempo para cultivar el arte de hacer el sexo, disfrutando con mayor intensidad sus placeres.

4.7.6. Métodos desarrollados en Occidente basados en el feng shui del amor

Entre los métodos más conocidos tenemos:

1. Coitus reservatus

Es una expresión dada por el diplomático holandés R. H. van Gulik, en su libro *Sexual Life in Ancient*

China, en el que hace una traducción de un libro sobre el feng shui del amor que cayó en sus manos. En el prefacio revela que no entendía nada del asunto, sin embargo creyó que su misión era la de transmitir esa información sobre las costumbres del pueblo chino que consideraba raras y preciosas.

En el libro describe que debe evitarse la eyaculación interrumpiendo el coito, transmitiendo las recomendaciones del feng shui del amor sobre la necesidad de controlar los intervalos de eyaculación según la edad, la fuerza y las condiciones físicas del hombre.

2. Karezza

Es una forma de hacer el amor de manera pasiva, enunciada en la década de 1920 por T. H. Van Velde, en el libro *Ideal marriage,* que interpreta equivocadamente los principios del feng shui del amor. Esta técnica se popularizó, más tarde, con el libro de Marie Stopes *Married Love.* La única semejanza de este método con el feng shui del amor son las recomendaciones para adoptar un método más pasivo de hacer el amor, en el cual se pueda obtener un mayor provecho de la comunión de *Yin* y *Yang.* La forma divulgada por el método Karezza son las caricias iniciales y después un coito muy quieto y pasivo, sin eyaculación, que puede beneficiar a los viejos y débiles, sin embargo no se recomienda para las personas jóvenes, sanas y vigorosas.

3. Abstinencia masculina

La abstinencia masculina fue recomendada en el libro *Studies in the Psychology of Sex,* de Havelock Ellis, al mencionar los hábitos de una colectividad experimental surgida en el estado de Vermont, Estados Unidos, llamada «Comunidad Oneida», hacia la mitad del siglo XIX. El método consiste, como el mismo nombre indica, en la completa abstinencia de hacer el amor, salvo en los casos en que se desea embarazar a la mujer. El feng shui del amor recomienda solo la abstinencia total de la eyaculación en los casos en que la persona está muy vieja o muy enferma.

4. Imsak

Es una técnica usada por la medicina árabe, sobre la cual se tienen pocas noticias; sin embargo, parece poseer algunas semejanzas con el feng shui del amor en el hecho de retener la eyaculación.

Como los árabes ocuparon parte de la India durante mucho tiempo a partir del siglo VIII, es posible que hayan adoptado algunas prácticas tántricas, o que hayan aprendido directamente de los chinos las técnicas del feng shui del amor.

Las pautas de esta práctica las indica Leonard Slater, biógrafo de Aly Khan, que afirma que este practicaba el *Imsak,* un método secreto cuyo origen venía de Oriente, consiguiendo un total control de la eyaculación. Podía hacer el amor indefinidamente, sin eyacular más de dos veces a la semana. Otro autor, sir Richard Burton, que tradujo el libro *Ananga Ranga,* afirma que: «Esta práctica, en la medicina árabe se llama *Imsak,* que significa controlar o retener».

5. Tantrismo

El tantrismo, frecuentemente, se le confunde con el feng shui del amor, aunque no hay duda respecto a la influencia que recibió del taoísmo, del cual provienen los dos. De las varias escuelas que existen del tantrismo, la escuela Vajrayânica, cuya doctrina tiene su origen en la disciplina china. Aun así, la forma de amar de los hindúes está muy ritualizada, siguiendo con mayor rigidez los principios de la religión budista, que difiere un poco de los conceptos taoístas, de donde proviene el feng shui del amor, transmitiendo la idea de que la salud mental está íntimamente ligada a una vida satisfactoria y que no hay neurosis sin conflictos sexuales.

4.8. Formas de penetración

Los maestros del feng shui del amor se dedicaron durante mucho tiempo a estudiar la forma y la profundidad de las penetraciones que las llamaban estocadas. Según ellos, de la perfecta comprensión del mecanismo de la penetración dependía el mayor o menor beneficio que se podía alcanzar en la comunión de *Yin* y *Yang* en el momento de hacer el amor.

Las antiguas escrituras chinas sobre el feng shui del amor, consideran que eran necesarias «mil estocadas de amor» para proporcionar la plena satisfacción de la mujer, cifra esta que le puede parecer absurda a un hombre occidental, que desconoce las posibilidades ofrecidas por el feng shui del amor. También, en la medida en que el hombre adquiere la consciencia de que es capaz de satisfacer a su mujer, por más voluptuosa que esta sea, esto le es suficiente para aumentar la confianza en sí mismo. Esa «hazaña» puede ser ejecutada tranquilamente por el que domina la técnica del feng shui del amor, sin que sea, de forma alguna, un esfuerzo exagerado; muy al contrario, se puede hacer en media hora (o 1.800 segundos), con un ritmo lento de penetraciones.

Sabemos que los hombres sienten un placer especial en saberse capaces de proporcionar la máxima realización sexual a su compañera, por lo tanto, ha llegado el momento de adherirse y estudiar las técnicas del feng shui del amor para ser un hombre realizado sexualmente, lo que ciertamente su compañera agradecerá desde el fondo del corazón.

Para los modernos sexólogos occidentales, la idea de «mil estocadas de amor» puede parecer difícil de realizar, teniendo en cuenta los criterios que la mayoría tiene sobre la potencia sexual del hombre. El doctor David Reuben, en su libro *Everything You Always Wanted to Know about Sex. But were Afraid to Ask* (pág. 98), dice que: «Un marco razonable de potencia masculina es el que el hombre sea capaz de mantener una relación sexual de cinco a diez minutos, en la cual podrá realizar entre 50 y 100 penetraciones pélvicas». Como vemos, es mucho menos de las «mil estocadas de amor» que puede realizar como mínimo, en media hora, un adepto al feng shui del amor.

Cuando el hombre domine el feng shui del amor, descubrirá que puede mantener una, dos, tres, cuatro, cinco, etc., relaciones sexuales, sintiéndose como si no consiguiese tener el máximo beneficio de ellas. Para la mujer, sin embargo, es la garantía de la más amplia y absoluta satisfacción sexual.

En el siglo VII, el médico Li T'ung Hsüan, adepto del taoísmo y especialista en feng shui del amor, describió, en su libro *T'hung Hsüan Tzu* las seis formas principales de realizar las estocadas:

1. Una vez situado el pico de jade (pene) en la puerta de jade (vagina), lo empuja hacia abajo, moviéndolo hacia delante y hacia atrás, rodeando la esencia de jade como alguien que abre una ostra para intentar llegar a las perlas resplandecientes. Ese es el primer estilo.
2. Penetrar hacia abajo, en la dirección de la esencia de jade, y hacia fuera, por la cascada dorada (clítoris) como si rompiera una piedra en láminas en busca del maravilloso jade. Ese es el segundo estilo.
3. El hombre usa su pico de jade para penetrar con fuerza en dirección a la cascada dorada como si fuera una mano de almirez que tritura un compuesto medicinal. Ese es el tercer estilo.
4. Él mueve el pico de jade hacia dentro y hacia fuera del portal de jade, tocando los lados izquierdo y derecho de la «sala de inspección» (paredes laterales de la vagina). Es como si un herrero moldease hierro con sus cinco martillos. Ese es el cuarto estilo.
5. Él frota su pico de jade, con penetraciones cortas y lentas, hacia delante y hacia atrás, dentro del portal de jade, como un agricultor cuando prepara la tierra para la cosecha. Ese es el quinto estilo.

6. El pico de jade y el portal de jade se friccionan intensamente, casi encolados uno con el otro, como si fuesen dos avalanchas de nieve que se funden. Ese es el sexto estilo.

El libro *T'hung Hsüan Tzu* también aconseja sobre cómo se deben dar las estocadas en el momento de una sesión prolongada de relaciones sexuales. Así, aunque en esa sesión las penetraciones sean profundas o cortas, lentas o rápidas, directas o atravesadas, no pueden ser uniformes, deben variar de una manera coordinada, para que cada una produzca su propio efecto y características diferentes. El hombre debe variar las diversas estocadas en el momento justo, evitando realizar, por conveniencia propia, comodidad o pereza, el mismo tipo o estilo de estocada durante la relación sexual, porque la repetición se puede hacer cansada y estafadora, sobre todo para la mujer.

El libro continúa describiendo detalladamente nueve tipos de penetraciones, y son:

1. Golpear hacia la izquierda y hacia la derecha, como un guerrero que intenta atravesar las líneas enemigas.
2. Moverse hacia arriba y hacia abajo como un caballo salvaje que trota por un arroyo.
3. Atraer y empujar como un bando de gaviotas que juega con las olas.
4. Alternar rápidamente las estocadas profundas con los golpes cortos, provocadores, como un gorrión que pica los restos de arroz en la piedra de moler.

5. Dar estocadas hondas y cortas en una sucesión rítmica como una piedra inmensa que afonda en el mar.

6. Empujar despacio el pico de jade en el portal de jade como una cobra que entra en el agujero para hibernar.

7. Penetrar rápidamente como un ratón asustado cuando huye hacia su agujero.

8. Equilíbrese y enseguida golpee como un águila que atrapa una liebre en fuga.

9. Levántese y descienda como un inmenso barco a vela que afronta una tempestad.

De este modo cuando las estocadas se ejecutan con diferentes intensidades, velocidades y profundidades, acaban proporcionando unas condiciones excepcionales de placer cuando los dos amantes hacen el amor.

Los tipos de penetraciones preconizados por el feng shui del amor difieren mucho de los patrones occidentales, tanto por las circunstancias apropiadas como por un vigor sorprendente y sobre todo por un número suficiente como para satisfacer plenamente a la compañera. De esta forma, un coito puede durar mucho tiempo, pudiendo ser repetido, con la misma intensidad y vigor, hasta que la pareja esté completamente satisfecha. Especialmente cuando existe afinidad entre los dos compañeros, cuando la atracción es recíproca y genuina y los dos, conociendo sus cuerpos mutuamente, con intimidad, pueden alcanzar un grado de coordinación quizá increíble. He aquí el motivo por el cual el Tao enfatiza tipos diferentes de penetraciones. Si el falo masculino, siempre que penetra, se mueve siempre de la misma manera, una larga sesión de amor puede ser tediosa. Sin embargo, si el hombre ya aprendió a variar las estocadas y las posiciones, esa larga sesión puede traer grandes beneficios. Y no sería ninguna exageración decir que, hasta un determinado límite, cuanto mayor es el tiempo del que puede disponer, tanto más fácil será para el hombre hacer de ese encuentro una sesión memorable.

4.9.   Profundidad de la penetración

El feng shui del amor, además de recomendar los diferentes estilos y tipos de estocadas del amor, también ofrece recomendaciones en cuanto a la profundidad de las mismas, como se ha descrito en el diálogo del emperador Huang Ti y su consejera Su Nü, en el cual él preguntó sobre la profundidad de la siguiente forma:

Emperador Huang Ti: «Durante la relación entre el hombre y la mujer, si el macho no supiera controlar la profundidad de las estocadas, no conseguiría recoger los máximos beneficios. Me gustaría que me dieseis más detalles al respecto».

Su Nü respondió que: «El hombre debe observar cuáles son las necesidades de la mujer y, al mismo tiempo, evitar el desperdicio de su *ching* (semen o esencia), cuya emisión debe ser controlada al máximo. Primero, él debe frotarse las palmas de las manos para calentarlas y a continuación coger su asta de jade con firmeza para penetrar en el portal de jade; enseguida debe usar el método de la «estocada honda» y la «retirada superficial». Cuanto más tiempo él consiga penetrar, tanto

más disfrutarán del placer los compañeros. Las estocadas no deben ser muy rápidas ni muy lentas, así como
el hombre no debe penetrar muy hondo, debiendo
frenarse un poco para no herir a la compañera.

La mejor secuencia es dar varias estocadas
medias en la «Cuerda de Laúd» y después alguna
más vigorosa en los «Dientes de la Castaña de Agua».
De esa forma, la mujer se aproximará rápidamente
al pico del placer. Apretará los dientes y su respiración será más rápida. Cerrará los ojos y el rostro se
acalorará. Sus órganos sexuales se abrirán de par en
par y las secreciones transbordarán el portal de jade
(vagina). Entonces el hombre puede percibir que
ella aprecia mucho lo que él está haciendo. Además,
Majestad, debe saber que la profundidad de la vagina tiene ocho nombres u ocho valles. Son estos:

1. Cuerda de Laúd, a una profundidad de tres
    centímetros.
2. Dientes de Castaña de Agua, a una profun-
    didad de seis centímetros.
3. Pequeño Arroyo, a una profundidad de
    ocho centímetros.
4. Perla Negra, a una profundidad de diez cen-
    tímetros.
5. Valle Propiamente Dicho, a una profundi-
    dad de doce centímetros.
6. Cámara Profunda, a una profundidad de
    quince centímetros.
7. Puerta Interna, a una profundidad de dieci-
    siete centímetros y medio.
8. Polo Norte, a una profundidad de veinte
    centímetros.

Huang Ti: «Y ¿cuál es el método de nueve cortas y una profunda?».

Su Nü: «Significa simplemente penetrar nueve veces superficialmente y, enseguida, una profunda. Cada estocada se debe coordinar con la respiración. La profundidad que va de la Cuerda del Laúd a la Perla Negra se llama superficial; la que va desde el Pequeño Arroyo a la Cámara Profunda se llama profunda. Si las estocadas fueran muy cortas quizá la pareja no consiga el placer; si fueran muy profundas, la mujer puede quedar lastimada.

La secuencia de estocadas recomendadas por la mayoría de los antiguos maestros del feng shui del amor, que según ellos proporciona la mejor combinación, propiciando a la pareja el máximo beneficio en la relación sexual y que también tiene la preferencia de las mujeres chinas de todas las edades: nueve estocadas cortas y una profunda. Existen también otras secuencias que se pueden elegir a la mejor conveniencia y adaptación de la pareja, por ejemplo: tres estocadas cortas y una profunda; cinco cortas y una profunda, etc. Lo que realmente importa es que la pareja debe disfrutar del mayor placer posible, al tiempo, que el hombre debe mantener siempre el control de su eyaculación para evitar el desperdicio en eyaculaciones muy frecuentes o muy rápidas.

4.10. Posturas para el acto sexual

Los adeptos del feng shui del amor adquieren la técnica que les proporciona la habilidad para amar durante una, dos, tres o más horas, durante las cua-

les es muy importante para la pareja los cambios frecuentes de posturas, para que la relación sexual no
se haga monótona o cansada. Es importante que el
hacer el amor no pierda sus atractivos con repeticio-
nes irreflexivas y que los compañeros no terminen
no entendiéndose el uno al otro. En nombre de la
buena salud, la comunión y la armonía de *Yin* y *Yang*
se debe mantener siempre dentro de la máxima
espontaneidad, creatividad y refinado placer, incre-
mentos que proporcionan la armonía que, a su vez,
proporciona salud y longevidad.

En la medida que el estudiante del feng shui del
amor realiza coitos cada vez más largos, el hacer el
amor se convierte en una monótona rutina si no se
tiene creatividad para renovar las posturas de forma
racional y continua. Por eso, es de vital importancia
que los compañeros descubran las posturas más adecuadas a su biotipo, pues si uno de los dos no se sintiera completamente a su gusto, la pareja, como un
todo, no conseguiría su plena realización.

En realidad no existen libros que presenten las
posturas adecuadas para cada una de las parejas; lo
máximo que a través de un libro se puede hacer es
sugerir las posturas básicas para que, a partir de
ellas, los compañeros intenten descubrir una varian-
te que se convierta en la postura ideal y satisfactoria
para ellos. Para los antiguos chinos, la constante búsqueda de la perfección trae por sí sola el éxtasis al
hacer el amor y un encanto especial.

En la vida real es muy raro que un hombre y una
mujer, aún manteniendo una gran afinidad, puedan
caer automáticamente en la cama para hacer el
amor. Precisan crear el clima necesario y, una vez

que sea así, y dependiendo de la experiencia de cada uno, podrán hacer el amor adoptando las posiciones más convenientes y placenteras para los dos.

En general, a un hombre y a una mujer, por mucha experiencia que tengan, les podrá suceder que al hacer el amor la primera vez no les salga muy bien. Muchas veces es necesario más de un encuentro hasta que cada uno se acostumbre a las condiciones, a las características físicas y al cuerpo del otro, lo que solamente sucede después de una larga convivencia.

No existen dos parejas idénticas respecto a la combinación de forma, tamaño, altura y peso de sus cuerpos, ni respecto a la posición, profundidad, anchura y largo de sus órganos sexuales, por eso las parejas deben adaptarse de la forma más creativa y versátil posible a sus condiciones y necesidades.

A continuación describiremos las diferentes posturas genéricas para la realización del acto sexual, expuestas desde el punto de vista de los chinos y de la medicina tradicional en Occidente.

Básicamente, existen cuatro posturas para el acto sexual. En la *primera,* la mujer se pone de rodillas y el hombre penetra en la vagina por detrás; en la *segunda,* la mujer permanece echada de espaldas con el hombre situado sobre ella; en la *tercera,* ambos están echados de lado; en la *cuarta,* la mujer está sentada a caballo sobre el hombre.

Para los chinos también existen cuatro posturas básicas, de las cuales se derivan veintiséis variaciones, como describe el maestro Li T'ung Hsüan en su libro *T'ung Hsüan Tzu,* que las denomina Unión íntima, Cuerno de Unicornio, Vinculación íntima y Pezluna. De estas derivan veintiséis posturas variantes,

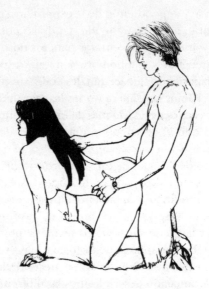

cuyos nombres daremos a continuación al describir cada postura.

4.10.1. Primera postura

Es la postura más antigua del mundo, pues desde los mamíferos más evolucionados, entre ellos los macacos, practican el acto sexual por detrás, como es el caso de la mayor parte de los pueblos primitivos.

Esta postura permite numerosas variantes, favorece una penetración profunda y es la más eficaz para la fecundación. El único inconveniente es que los dos compañeros no se pueden mirar.

Los chinos llaman a esa postura «Pez-luna», describiendo varias alternativas, cuyos nombres son:

— *Los Patos del Mandarín entrelazados:* La mujer se echa de lado y afloja las piernas para que el hombre entre por detrás.
— *Corceles a galope:* La mujer se echa de espaldas y el hombre se queda en cuclillas. Con la mano izquierda sujeta el cuello de ella y con la derecha la sujeta los pies.
— *El Tigre Blanco Volador:* La mujer se arrodilla, colocando la frente sobre la cama. Él se arrodilla por detrás y con las manos le sujeta la cintura.
— *La Cigarra Negra se pega a la rama:* Ella se echa sobre el estómago y abre las piernas. Él la sujeta por los hombros y la penetra por detrás.
— *Cabra de frente a un árbol:* El hombre se sienta en una silla. La mujer se sienta sobre él dando la espalda al compañero. Él la sujeta por la cintura y la penetra.
— *El Burro del final de la primavera:* Ella se apoya en las manos y en los pies, inclinándose hacia delante. Él la penetra por detrás, sujetándola por la cintura.

Para los sexólogos occidentales, la postura y sus variantes son similares a las chinas:

1.1. La mujer adopta la postura de rodillas, en la cama o cualquier otro lugar blando, e inclinándose hacia delante se apoya en los codos. El hombre se coloca a su espalda y la penetra por detrás, quedando con las manos libres para acariciar los senos, los mulos, el clítoris, o sujetarla firmemente por la cintura para facilitar los movimientos del coito.

1.2. La mujer, estando de pie, se inclina hacia delante, apoyándose en la cama o en una silla, quedando su vagina expuesta para ser penetrada por detrás. De este modo, el miembro masculino puede penetrarla profundamente, quedando expuestas también otras zonas erógenas que pueden ser excitadas manualmente. Esta postura es excelente para la fecundación.

1.3. La mujer, echada boca abajo en la cama, o cualquier otro lugar blando, y abriendo las piernas, expone su vagina, levantando ligeramente las caderas o colocando un cojín debajo de la región púbica. El hombre se coloca entre sus piernas, a su espalda, y penetra la vagina por detrás, echándose encima de ella y apoyando su cuerpo en los antebrazos. Esta posición está indicada para cuando la mujer tiene algún problema de inflamación vaginal que no es posible una penetración profunda.

Una variación de esta postura consiste, una vez realizada la penetración, en que el hombre abra sus piernas de tal forma que aprisione las de la mujer. Inicia entonces el coito, realizando movimientos de flexión con una pierna y después con la otra, como si estuviera reptando. Esta posición es ideal cuando la mujer tiene algún problema de inflamación vaginal que no admite una penetración muy profunda.

4.10.2. Segunda postura

Esta postura se puede considerar más moderna, y en Europa y América está considerada como la «postura normal» o «papá-mamá». Es la más popular y frecuente en nuestros días. Esta postura, de la mujer echada de espaldas, parece ser el resultado de la evolución de las costumbres de los tiempos primitivos hasta nuestros días. Ignoramos, sin embargo, la razón de ese cambio, pero sabemos que la Iglesia Cristiana primitiva favoreció esa transformación, incluso otras tendencias religiosas llegan a recomendarla.

Los chinos llaman a esa postura la «Unión íntima», describiendo varias alternativas, cuyos nombres son:

— *Gusano de seda haciendo su capullo:* La mujer, con las dos manos, sujeta el cuello del hombre y, cruzando las piernas, entrelaza los pies en la espalda de él.

— *Dragón invertido:* El hombre, con la mano izquierda, empuja los pies de la mujer hasta un poco más arriba de los senos. Con la mano derecha, ayuda a su pico de jade para penetrar en el portal de jade de la compañera.

— *Sorbos de amor:* El hombre se echa sobre el abdomen de la mujer. Sujeta el cuello de la compañera y ella lo abraza por la cintura.

— *Pino enano:* La mujer cruza las piernas, abrazando al hombre. Cada uno, con las dos manos, sujeta el tronco del otro por la cintura.

— *Martín pescadores unidos:* La mujer se echa de espaldas y relaja las piernas. El hombre se arrodilla entre las piernas y la penetra sujetándola por la cintura.

— *Gaviotas voladoras:* El hombre penetra a la mujer de pie al lado de la cama, sujetándole las piernas.

— *Caballos salvajes irguiéndose:* La mujer coloca sus piernas en los hombros del compañero. En esa posición, él la penetra profundamente.

— *Patas de caballo:* La mujer echada de espaldas. Él coloca uno de los pies de ella en su propio hombro y el otro se queda balanceando naturalmente.

— *Un fénix juega en la gruta roja:* La mujer se echa de espaldas y con sus manos sujeta los pies en el aire.

— *Un pájaro gigante planeando sobre el mar oscuro:* El hombre apoya las piernas de la mujer en la parte superior de sus brazos y la penetra, sujetándola por la cintura con las manos.

Los sexólogos occidentales describen esta postura colocando a la mujer echada de espaldas y al hombre echado encima de ella. Es la postura ideal para transmitir una sensación de unión psíquica y física entre los compañeros, ya que permite, a la vez que realizar el coito, toda una gama de sensaciones provocadas por las caricias amorosas y los besos. La tendencia del hombre es manifestar sus deseos imponiéndoselos a la mujer, dominándola; la tendencia de la mujer es la de ofrecerse y abandonarse, satisfaciendo así sus deseos de una forma más profunda.

Según los sexólogos occidentales, esta postura puede tener diversas variaciones, con el simple cambio de posición de las piernas, o irguiendo el cuerpo. Las que podemos destacar son:

2.1. La mujer queda echada de espaldas y el compañero se coloca entre sus piernas con el tronco elevado, apoyándose en sus brazos estirados.

Esta postura es favorable, especialmente cuando la posición de la vagina es muy baja, no permitiendo que el pene la penetre fácilmente. Dificulta un poco la fricción del pene con el clítoris, por lo tanto no es muy adecuada para las mujeres que tienen un orgasmo difícil.

2.2. La mujer, echada de espaldas, levanta ligeramente las piernas hacia su cuerpo; debe
colocar una almohada u otro soporte debajo de la pelvis, a la altura de los riñones,
para que levante su vientre, pues la postura es desfavorable cuando la posición de la
vagina es muy baja, no permitiendo que el
pene la penetre profundamente. De este
modo deja de tener contacto con el orifi-
cio del útero, por lo tanto la mujer no siente el choque de la eyaculación contra las
paredes de este. Por otro lado, en esta postura se toca poco el clítoris y la mujer pierde una serie de sensaciones que la ayuda-
rían a tener el orgasmo. Esta postura (sin
soporte) es adecuada para la mujer embarazada, dado que el pene no puede penetrarla profundamente. Para las mujeres
que alcanzan rápidamente el orgasmo es
una postura bastante satisfactoria.

Respecto a la fecundación, la postura es
indiferente, no teniendo ni ventajas ni
inconvenientes. Sin embargo, cuando se
coloca una almohada bajo los riñones de la
mujer, el pene puede entrar más profundamente, facilitándose así la fecundación.

2.3. La mujer, echada de espaldas, levanta una o
las dos piernas, colocándolas en un ángulo
que la permitan tocar los hombros del hombre. Entonces el bajo vientre queda muy
doblado y, como consecuencia, la vagina se
acorta algunos centímetros, lo que permite
una penetración más profunda. Las con-

tracciones musculares correspondientes llevan el clítoris hacia delante, pegado al pene, favoreciendo su excitabilidad.

En esta postura se debe tener un cuidado especial porque el pene puede tocar la entrada del útero y provocar heridas o sangrados. Y cuando el útero es muy sensible, la penetración de esta forma puede provocar dolores fuertes y anular así las sensaciones de placer. Esta postura es extremadamente peligrosa para la mujer embarazada, pues puede provocar desde un aborto a un parto prematuro. Tampoco se recomienda usar esta postura durante las semanas siguientes al parto.

2.4. La mujer se echa de espaldas y el compañero, colocándose entre sus piernas, procede a la penetración. Una vez introducido el miembro, la mujer aprieta los muslos y extiende las piernas, quedando a su vez estas entre las piernas del hombre.

Esta postura se aconseja que se use en los casos en que, por razones de salud, la penetración deba ser poco profunda, como durante el embarazo y en los casos de inflamación o hemorragias de la vagina o el útero. Se recomienda también para las mujeres que tienen una excitación lenta, pues pone el clítoris en contacto directo con el pene y provoca un contacto estrecho entre este y los labios de la vulva, aumentado la fricción de esos órganos, lo que favorece sobremanera el orgasmo.

Esta postura es favorable también para los hombres con poca virilidad, pues en esa postura el pene, aunque no tenga la erección deseada, no se sale fácilmente de la vagina. Sin embargo, esta postura no aumenta de forma significativa la excitación del hombre, así como tampoco es muy favorable para alcanzar la fecundación.

2.5. La mujer se sienta a la orilla de la cama, se echa para atrás, apoyándose en los codos y en los antebrazos con las piernas abiertas y los pies apoyados en el suelo. El hombre se inclina sobre ella, apoyando sus brazos en la cama y procede a la penetración. Esta postura está indicada para las personas muy corpulentas. Cuanto más se inclina la mujer hacia atrás, mayor es la penetración del pene.

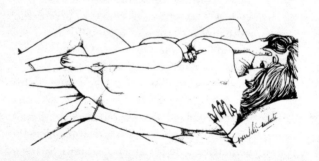

4.10.3. Tercera postura

Los amantes permanecen echados de lado, posibilitando muchas variaciones que han sido exhaustivamente descritas por los hindúes y los chinos.

Esta postura, en que el hombre y la mujer están echados de lado, sobre todo cuando la mujer está de espaldas a él, es la ideal para realizarla cuando los compañeros se desperezan por la mañana y el cuerpo no está todavía despierto. No está muy indicada para cuando se quiere que la mujer quede fecundada. Una ventaja es que las manos del hombre quedan libres para acariciar los puntos erógenos de la mujer.

Los chinos llaman a esta postura la «Unión íntima», describiendo varias alternativas, cuyos nombres son:

— *El perro de otoño:* El hombre, echado de lado, se coloca detrás de la mujer. El hombre con una mano sujeta el pico de jade y, pasándolo por las nalgas, lo introduce en el portal de jade de la compañera.

— *Fénix sujetando su gallina:* El hombre y la mujer echados de espaldas, uno de cara al otro. El hombre pasa una pierna por debajo de las piernas de la mujer y la otra pierna queda enmedio de ellas. Sujetando su pico de jade penetra el portal de jade, en una postura semejante a la forma de una tijera. (Esta postura es especialmente adecuada para una pareja en que la mujer es grande o de proporciones generosas y el hombre es pequeño).

Los sexólogos occidentales describen esta postura colocando a la mujer y al hombre echados de lado, convirtiéndose en una postura más cómoda para hacer el amor, sobre todo cuando se dan desproporciones de tamaño o de peso en los compañeros. Esta postura puede tener diversas variantes con el simple cambio de lugar de las piernas o irguiendo el cuerpo. Las que podemos destacar son:

3.1. La mujer, de espaldas al hombre, que está detrás de ella, mantiene las piernas estiradas o encogidas. Esta postura es aconsejable en caso de embarazo avanzado, pues el pene penetra poco y no se ejerce ningún tipo de presión en el vientre de la mujer.

3.2. La mujer, de espaldas al hombre, que está detrás de ella, mantiene las piernas estiradas o encogidas. La mujer levanta ligeramente la pierna que no está apoyada en la cama y permite que el hombre ponga entre sus piernas la otra pierna. Entrelazados de este modo, se procede a la penetración, permitiendo al hombre un buen punto de apoyo en la pierna de la mujer que está en contacto con la cama, haciendo una especie de tijera con sus piernas. Esta postura es aconsejable en caso de embarazo avanzado dado que el pene penetra poco y no se ejerce ningún tipo de presión en el vientre de la mujer, y el punto de apoyo en la pierna de la mujer no permite que el pene escape fácilmente de la vagina.

3.3. La mujer permanece echada de lado cara a cara con el hombre. En esta postura la penetración es bastante difícil, motivo por el cual la mujer debe levantar la pierna libre para facilitar la penetración. Esta postura se presta a incontables variantes, según que uno o los dos compañeros levanten su tronco o entrelacen sus piernas de formas variadas.

4.10.4. Cuarta postura

En esta postura, la mujer está sentada a caballo sobre el hombre. Parece ser una postura de transición; se sabe que era habitual entre los griegos y los romanos. Todavía se usa en nuestros días por la mayoría de personas de la raza amarilla, como se puede ver en los numeroso diseños y figurines modernos, y en los antiguos grabados encontrados en las excavaciones arqueológicas, que demuestran que esta postura tuvo un papel predominante en los tiempos prehistóricos.

En esta postura, también llamada «mujer o hembra superior» o «a caballo», el hombre permanece sentado o echado de espaldas, después de la introducción del pene, y ella sentada a caballo sobre él asumiendo un papel activo por el cual puede, con facilidad, controlar sus movimientos y así provocar su orgasmo. Por esta razón, muchas mujeres prefieren esta postura, que con seguridad ocupa el segundo lugar en los hábitos sexuales. Por otro lado, es una postura recomendada para las personas corpulentas.

Hay buenas razones de orden físico que justifican esta postura, pues solamente en esta postura muchas mujeres consiguen el orgasmo, pueden tener un papel más activo y, aún más, elegir la mejor manera y el mejor ángulo para dar sus estocadas. Muchas mujeres, que jamas habían conseguido un orgasmo anteriormente, han conseguido realizarse por primera vez con esta postura.

La postura «hembra superior» tiene ventajas también para el hombre, sobre todo para los más viejos y menos viriles, cuyas compañeras son más jóvenes y vigorosas. En casi todas las variantes de esta postura, la mujer es quien dirige normalmente el movimiento y el ritmo de las estocadas. Cabe al hombre permanecer inmóvil, sintiendo el placer del coito y, lo más importante, en esta postura consigue mantener su eyaculación por mucho tiempo.

La postura a caballo, como el nombre indica, permite que la mujer suba encima del hombre como si fuera a caballo. Puede también echarse, apoyando su barriga en el compañero o estirarse sobre su cuerpo y besarlo en los labios, manteniendo las piernas abiertas o cerradas, permitiéndole también moverse a cámara lenta, manteniendo los senos y el vientre en contacto con el cuerpo del hombre o, también, mover el cuerpo con estocadas rápidas y cortas, lo que para muchas mujeres es bastante erótico y excitante.

El inconveniente de esta postura es que la mujer puede perder mucha agilidad cuando tiene las piernas muy gruesas y dificultad para abrirlas. Si la abertura de la vagina es muy baja o muy poco profunda, el pene puede dañar la entrada del útero, debiendo tener mucho cuidado para que no roce la entrada, pues podría provocar heridas y sangrados.

Otra desventaja que esta postura tiene es que los cuerpos no se tocan, teniendo una cierta dificultad para acariciar al compañero, y que las posibilidades de fecundación son pequeñas, ya que el esperma, sometido a la ley de la gravedad, puede salirse con facilidad de la vagina.

Los chinos llaman a esta postura «Cuerno de Unicornio», describiendo varias alternativas, cuyos nombres son:

— *Mariposas en vuelo:* El hombre se echa de espaldas. La mujer se sienta encima, mirando hacia él. El pico de jade consigue una penetración profunda.

— *Una pareja de patos voladores:* El hombre se echa de espaldas. La mujer se sienta encima, mirando hacia los pies de él.

— *Un macaco canta, colgado de un árbol:* El hombre permanece sentado y la mujer se sienta encima, mirando hacia él, como si montara a un caballo, sujetándose a él con las dos manos. El hombre sujeta el peso de la mujer con las manos, sujetando sus nalgas.

— *El gato y el ratón comparten el mismo agujero:* El hombre se echa boca arriba y relaja los pies. La mujer se sienta sobre él, apoyando el busto sobre su pecho. El asta de jade consigue una penetración profunda.

— *Danza de los dos fénix:* El hombre se echa boca arriba y relaja los pies. La mujer se sienta sobre él, con una pierna estirada y la otra doblada por la rodilla. El portal de jade ejerce una intensa compresión en el pico de jade.

Los sexólogos occidentales describen esta postura colocando a la mujer sentada a caballo sobre el hombre, que está echado de espaldas. Esta postura puede tener diversas variantes, con el simple cambio de la postura de la mujer. Las que podemos destacar son:

4.1. El hombre echado de espaldas, levanta ligeramente las rodillas. La mujer sentada sobre él, puede inclinar el torso hacia atrás echándose sobre los muslos del hombre, como también puede inclinarse hacia delante apoyándose en las rodillas y en las manos. Esta postura se recomienda cuando el hombre está fatigado y pasa el papel activo a la mujer. Cuanto más se inclina la mujer hacia delante, más aprieta la vagina al pene, que permanece dentro con facilidad, lo que es ideal para los hombres con menos virilidad o que sufren irregularidades en su erección. Cuanto más se inclina la mujer hacia atrás, más puede penetrar el pene, aumentando la excitación del cuello del útero.

4.2. El hombre se echa de espaldas y la mujer se
      sienta a caballo sobre él, dándole la espalda.
      La mujer puede abandonarse, apoyándose
      en el pecho del compañero, o inclinarse
      hacia delante apoyándose en las rodillas y en
      las manos. Esta postura está indicada en el
      caso de que el hombre sea muy corpulento,
      pues no permite una penetración profunda.
      Esta postura es recomendable durante el
      embarazo o para después del parto.

4.3. El hombre permanece sentado en una silla,
      la mujer se sienta encima de él, de espaldas,
      con las puntas de los pies apoyadas en el
      suelo. En esta postura el pene no penetra
      profundamente, preservándose el cuello
      del útero que de este modo no es tocado;
      como el clítoris tampoco tiene contacto con
      el pene, puede ser excitado manualmente.
      No es una postura ideal cuando se tiene
      intención de fecundar a la mujer. Las
      manos del hombre quedan libres en esta
      postura, por lo tanto se pueden usar para
      excitar las zonas erógenas de la mujer.

4.4. La misma postura anterior, pero la mujer
      mirando hacia el hombre. En esta postura
      la mujer puede controlar la profundidad
      de la penetración de acuerdo con la incli-
      nación que dé a su cuerpo, siendo más
      profunda cuanto más se incline hacia
      delante. Esta postura es poco recomenda-
      ble en los casos en los que el hombre tenga
      un vientre voluminoso y la mujer muslos
      muy gruesos.

Estas posturas tienen infinitas variantes, unas se adaptan a un tipo de pareja en que el hombre es más alto que la hembra en la medida de una cabeza, otras se adaptan a un tipo de pareja en que los dos tienen la misma altura. Y a medida que surgen otras diferencias, como, por ejemplo: mujeres que tienen la abertura vaginal mucho más baja, u hombres cuyo miembro presenta diferentes características de tamaño, grosor, curvatura, glande (mayor o menor), etc., hacen posible que el número de posturas sea literalmente infinito.

En los libros orientales que tratan del amor, como el conocido *Kama Sutra* (elogiado y combatido por los autores occidentales), encontramos la descripción de muchas variables para el acto sexual, que derivan de las posturas básicas que hemos descrito. No obstante las ilustraciones deben ser analizadas con cierto cuidado porque han sido elaboradas para un biotipo humano asiático, que es un poco diferente al biotipo del hombre occidental. La situación de la vagina está más próxima al vientre en la mujer hindú que en la mujer occidental, por ejemplo. Además, debido a la tradición cultural de los pueblos asiáticos, educan a sus hijos desde pequeños a adoptar posturas y a realizar ejercicios de yoga, que los hacen más flexibles que el hombre occidental.

En nuestra opinión, los occidentales que se hacen adeptos a las recomendaciones de estos libros sobre la adopción de posturas, con el fin de prolongar el acto sexual o la retención voluntaria del orgasmo, primero deben hacer un entrenamiento especial para la realización de estas prácticas, pues de lo contrario pueden tener consecuencias funestas y desas-

trosas para su salud, no solamente en el aspecto físico (proceso mecánico) del acto sexual en sí, sino
también en aspectos de mayor importancia como son
los psíquicos.

En general, en el mundo moderno se le da poca
importancia a las posibles influencias que los disgus-
tos de la vida cotidiana y las contrariedades psíquicas
puedan ejercer en la vida sexual de las personas. De
tal forma que problemas de estabilidad, inseguridad
y competitividad en el trabajo, con los hijos, con la
familia, sentimientos de inferioridad, timidez, recha-
zo, miedo, pudor, vergüenza, etc., pueden perturbar
e incluso impedir el desenvolvimiento natural y
armónico del acto sexual, bloqueando la entrega
espontánea de uno mismo a favor del compañero.
Estas preocupaciones pueden provocar en el hombre la falta de erección e impedir la eyaculación; en
la mujer pueden provocar ansiedad, apatía, frigidez
y otras consecuencias menores, pero sin duda impri-
mirán en su psique los reflejos del mundo físico
agresivo y competitivo en el que vivimos.

Para concentrar los pensamientos a un nivel de
energía tal que posibilite alcanzar el orgasmo, es
necesario que todos los sentidos participen en el
acto sexual. Es cierto que las circunstancias exterio-
res pueden ser favorables o desfavorables, pero si las
actitudes psíquicas de los compañeros acompañan
armónicamente el acto físico, el mundo externo
deja de interferir como si no existiese, siendo susti-
tuido, aunque sea por unos breves instantes, por un
estado de plenitud total.

Insistimos, por lo tanto, en la necesidad que
tiene el hombre moderno de armonizar el cuerpo

con el espíritu, por ser este uno de los principios
fundamentales en la vida del hombre para que dis-
frute de un estado pleno de salud, que con frecuencia viene olvidado por el predominio del egoísmo
individual. Una de las formas más simple de alcanzar
esta armonía interior es compartiendo y abando-
nándose incondicionalmente a la práctica del amor
y a la ternura con un compañero.

El secreto del éxito de hacer el amor está en
cada pareja y en su deseo desinhibido de experi-
mentar. La mujer no debe rechazar nunca las suge-
rencias y nuevas ideas del compañero, porque, sin-
ceramente, hacer siempre el amor de la misma
manera es lo mismo que comer arroz con lentejas
todos los días y en todas las comidas. No existe una
persona que no se canse después de una dieta tan
repetitiva y con tan poca imaginación. Se deduce,
obviamente sin exageraciones, que el cambio racional y ponderado lleva a que hacer el amor tenga infinitas e inagotables posibilidades de alcanzar el éxtasis, la realización plena y total.

Capítulo V

Conclusión

E L OBJETIVO DE ESTE LIBRO es dar a conocer el feng shui del amor, pero para llegar ahí hemos tenido que describir los diferentes métodos para armonizar nuestro hogar, ya sea casa o apartamento. Así, cuando su hogar está armonizado, libre de cualquier energía negativa que pueda perjudicar el bienestar de sus moradores, cada uno puede crear las condiciones necesarias para montar su rincón ideal de paz y sosiego, su nido de amor, colocar entre las cuatro paredes todo lo que siempre deseó e imaginó en sus sueños más secretos, que es tener un rincón solo suyo, ideal para pasar sus días, para amar y ser amado, en fin, realizar los sueños de su vida.

Hemos intentado transmitir parte de nuestras experiencias sobre el arte de armonizar los ambientes por ser fundamental para los que están interesados en desvelar las energías *Ch'i* que nos rodean y circulan por nuestro cuerpo. Muchas veces, por desconocimiento de su existencia, pasamos por numerosos sufrimientos, aflicciones y sinsabores; sin embargo, cuando estamos en armonía todo lo que deseamos, se realiza, convirtiéndose nuestra vida en un verdadero mar de rosas.

A lo largo del libro hemos verificado que en cualquier circunstancia podemos mejorar mucho la circulación de energías de nuestra vivienda, aunque esta no haya sido construida con los parámetros del feng shui y esté en cualquier lugar, como en la playa, en el campo, en la montaña, en una ciudad o en un barrio residencial. Hemos aprendido también a identificar y eliminar las posibles fuentes nocivas que se pueden encontrar en nuestras viviendas y a potenciar las energías benéficas del *Ch'i* para conseguir la armonización de nuestro «Hogar». Y, en consecuencia, nuestra paz y tranquilidad se reflejarán en una vida estable, armónica y feliz.

Esperamos haber aclarado con este libro todos los puntos, sin margen de dudas, y, como estudiamos el asunto hace más de 30 años, nos hemos sentido en el deber de revisar nuestras experiencias, completándolas con estudios publicados sobre radiestesia, *feng shui* y sobre el amor, que hemos considerado como los más completos sobre el asunto. Estamos seguros que no basta con leer estas páginas y encontrar interesante su contenido, es necesario ponerlo en práctica, con perseverancia, para poder disfrutar de sus beneficios.

Como con todo conocimiento y arte, queda el estudioso libre para perfilar y perfeccionar sus conocimientos y seguir su propia línea de estudio, dentro de sus intereses y sensibilidad, que, ciertamente, culminarán alcanzando su equilibrio y armonía personal. Sin embargo, permanecemos completamente a disposición del amigo lector para asesorarlo, en caso de necesidad, ya sea directamente o a través de los cursos que ofrecemos. Para las personas interesadas

que quieran ponerse en contacto con nosotros lo
pueden hacer a través de la Editorial Madras.

Acuérdese que, en esta vida, el dinero es la consolida-
ción de la amorosa y viva energía de la divinidad, y que
cuanto mayor sea su realización, mayor será la expresión
del amor y apoyo de sus Maestros, concediéndole mayores
posibilidades, libertad y responsabilidad de hacer todo lo
que fuera necesario para llevar su misión a buen fin.

MAESTRO DJWHAL KHOUL (*El Tibetano*)

Glosario

AN LU: Dirección sudoeste, paz y felicidad.

A.T.: Líneas de Alta Tensión.

AURA: Campo energético multicolor que envuelve al hombre. Se hizo más conocido después del descubrimiento de la «foto Kirlian».

BA-GUÁ o PA-GUÁ: Los ocho trigramas del *I Ching*, simbolizando el *Yin-Yang*.

CAMPO VITAL DE UN INDIVIDUO: Es el conjunto de los diferentes cuerpos energéticos que envuelven al hombre. Sobre este campo actúan las E.N.T. (energías telúricas naturales).

CASCADA DORADA: Clítoris femenino situado en la parte superior de la vagina.

CHAI: Residencia, casa.

CHAKRA o CHAKRAN: Centro de fuerza del hombre. Vórtice energético, cuya energía es la del doble etérico (alma) que impulsa el hilo de Sutramá, despertando determinados puntos en el cuerpo del Ser. A través de los chakras se alcanza gradualmente la consciencia de la unión con la Divinidad (India). Los principales son siete, entre ellos tenemos: el MULADHARA o Basal, en la base de la columna vertebral, sede de la energía «Kundalini».

CHANG YIN: Oeste, indulgencia, peligro y placer (hemisferio Norte).

CHEN: El trueno, incitar.

CH'I: Energía o fuerza vital.

CH'I FAN: *Ch'i* de las emociones.

CH'I KUNG: Método de cura y dieta alimenticia que usa los colores.

CH'I SHENG: *Ch'i* creciente del Este (hemisferio Norte).

CH'I T'SANG: *Ch'i* oculto del Norte (hemisferio Norte).

CH'I YANG: *Ch'i* nutritivo del Sur (hemisferio Norte).

CH'IEN: El Cielo, lo Creativo.

CHIN TS'AI: Noroeste, nuevos comienzos (hemisferio Norte).

CHIN: Metal.

CHIN YIN: Norte, relaciones (hemisferio Norte).

CHING: Semen, semilla.

CUERPO SUTIL: Está constituido por nuestra envoltura viva (khosha = Vedanta; Sharira = tantrismo).

CUNNILIGUM: Sexo oral en el cual el hombre besa y chupa la vagina de la mujer.

E. D. F.: Ondas de forma; son campos de influencia que aparecen alrededor de cualquier objeto o criatura.

EGRÉGORA: Campo energético creado por la energía de las formas (cúpula, pirámide, energía mental, etc.) que protege totalmente, en todos los planos, a una persona, a un grupo de personas, una casa, una ciudad, un estado o un país. Cuando varias personas se agrupan y actúan de común acuerdo a través del pensamiento, deseo, intención, ritmo, fe, etc., forman una forma pensamiento que puede transformarse en una especie de alma grupo.

E.T.N.: Energías Telúricas Negativas.

ENDORFINAS: Drogas naturales producidas por el cuerpo humano.

ESTOCADA PROFUNDA: Penetración más profunda del pene en la vagina (de 10 a 12 cm).

ESTOCADA CORTA: Poca penetración del pene en la vagina (5 cm).

ESTRATO GEOLÓGICO: capas del subsuelo por donde discurren las corrientes de agua subterránea.

FA CHAN: El Este, sabiduría y experiencia (Hemisferio Norte).

FANG: Interior.

FELACIÓN: Sexo oral que consiste en que la mujer bese y chupe el pene del hombre.

FENG: Viento.

FENG HUANG: El Fénix Rojo del sur.

FENG SHUI: Radiestesia ancestral china, que representa el Viento y el Agua.

FENG SHUI XIANSHENG: Consultor o practicante del feng shui.

FÉNIX ROJO: Energía cálida, transportada por el *Ch'i*.

FLECHAS ENVENENADAS: Tres líneas rectas o un ángulo agudo convergiendo hacia un punto.

FLOR LUNAR: Lubricante o líquido vaginal.

GAS RANDONIO: Gas nocivo producido por la descomposición de elementos radiactivos.

GUÁ: Las ocho áreas correspondientes a las situaciones de la vida.

HSIAMG: Símbolos.

HSI AO: Líneas del trigrama.

HSIN: Corazón.

HSHUEH: El entorno de.

HUAN LO: Sudeste, riqueza (hemisferio Norte).

Huo: Fuego.

I Ching: Sistema de adivinación descrito en el Libro de las Mutaciones.

K'an: Agua, fluido.

Ken: La montaña, quietud.

K'un: Tierra.

Li: Luminosidad, calor, adherir.

Líneas Hartmann: Líneas energéticas que atraviesan la Tierra (descubiertas por el Dr. Hartmann), cuyos cruces pueden ser perjudiciales para la salud humana.

Líneas Lei: Líneas energéticas que recorren la superficie de la Tierra.

Liu: Árboles, jardines, sauces.

Lo Shu: El cuadrado mágico.

Luopan: Brújula magnética que apunta hacia el Sur.

Lung Mei: Las venas del dragón, los caminos del *Ch'i*.

Marea de Yin: Orgasmo femenino (feng shui del amor).

Menir: Piedras implantadas por los ancestrales para corregir fallas en las líneas LEI.

Meridianos: Canales sutiles que transportan energía *Ch'i* a través del cuerpo.

Ming Tan'g: Espacio de la casa reservado para momentos de meditación o recogimiento.

Mo: Microondas.

Mu: Madera.

Nadis: Canales energéticos sutiles que transportan la energía por el cuerpo humano.

Nieves Blancas: Leche de mujer.

Osmosis: Propiedad del agua para infiltrarse por los poros finos de la materia sólida.

Palacio de Yin: Útero de la mujer.

PICO DE JADE: Pene.

PICO DE HONGO ROJO O CAVERNA DEL TIGRE BLANCO: *Cunnilingum* (beso en la vagina).

PICO DE LOTO ROJO: Labios.

PICOS GEMELOS: Senos.

PICO FLORIDO: Boca.

PORTAL OSCURO O PORTAL DE JADE: Vagina, vulva.

PRANA: Energía universal, proveniente del Cosmos que mantiene la vida en los planetas. Energía sutil de la cual el hombre se alimenta a través de los «chackras». Se recibe, se almacena, se transforma y se distribuye por los «chakras».

PRIMAVERA DE JADE: Lengua de la mujer.

SALA DE INSPECCIÓN: Paredes laterales de la vagina.

SHA: Energía vital negativa.

SHAN SHUI: Estilo chino de pintura de paisajes representando el agua y las montañas.

SHAN: Montañas.

SHIANG-SENG O XIANSENG: Persona especialista en feng shui.

SHUI: Agua.

SSU CH'I: *Ch'i* estacionario o letárgico.

SUN: Crecimiento.

T'AO CH'I: Representación de Todo.

T'AI CH'I CHU'AN: Arte marcial chino.

TORTUGA: El frío, la oscuridad, el invierno, la longevidad.

TELÚRICAS: Energías positivas o negativas provenientes del cruce de aguas subterráneas. Conjunto de corrientes electromagnéticas provocadas por otras radiaciones provenientes del suelo.

T'U: Tierra.

TAO: El Camino, una religión, filosofía, modo de vida, el Principio Universal.

TS'ANG FENG: Viento frío oculto que sopla de los barrancos y puede provocar enfermedades.

TUI: El lago.

TZ'U: Juicio.

WANG TS'AI: Sur, prosperidad y fama.

WEN: El Dragón Azul del Este (hemisferio Norte).

WU: El Tigre Blanco del Oeste (hemisferio Norte).

WU HSING: Los cinco aspectos o elementos.

YANG: Energía creativa, dinámica.

WU WEI: Estado de espontaneidad de la acción, ser Uno con la Naturaleza y el Cosmos.

YIN: Energía receptiva, estática.

YIN PEI: Pequeño muro de protección.

YUAN WU: La Tortuga Negra del Norte representación del invierno y del frío para los chinos.

YÜ HENG, ASTA DE JADE: Pene.

YÜ MEN, PORTAL DE JADE: Vagina

Bibliografía

Agrapart, Christian, Dr.: *Guide Thérapeutique des Couleurs*, París, Éditions Dangles, 1989.

Anand, Margo. *The art of sexual ecstasy: the part of sacred sexuality for western lovers*, Los Ángeles, Jeremy P. Tarcher Publ., 1989.

Ashcroft-Nowicki, Dolores: *El árbol del éxtasis*, Río de Janeiro, 1994.

Aun Weor, Samael: *El matrimonio perfecto*, São Paulo, Movimento Gnóstico Cristáo Universal do Brasil na Nova Ordem, 1991.

Ball, Dyer: *Things Chinese*, Londres, Inglaterra, Edit. John Murray, 1892.

Bueno, Mariano: *Vivir en casa sana*, Madrid, España, Ediciones Martínez Roca, S. A., 1988.

— *Viver em casa saudável*, São Paulo, Editora C. Roca Ltda., 1997.

Chang, Jolan: *El Taoísmo del Amor*, Río de Janeiro, Editora Artenova, 1979.

Campbell, Joseph: *Hero with a thousand faces*, Princentown NJ, University Press, 1968.

Campadello, Pier: *Autocura, como utilizar la Energia Psitrônica*, São Paulo, Editora Roca, 1993.

— *El Origen del Conocimiento,* São Paulo, Editora Madras, 1996.
— *Feng Shui, para armonizar su hogar y su vida,* São Paulo, Editora Madras, 9.ª edición, 1998.
— *Feng Shui e Radiestesia,* São Paulo, Editora Madras, 2.ª edición, 1999.
— *Musicoterapia para la autocuración,* São Paulo, Editora Maltese, 1995.
— *Psitrônica, El comportamiento energético del hombre,* São Paulo, Copyright Pier Campadello, 1982.
— *Radiestesia na autocura,* São Paulo, Editora Robe, 2.ª edición, 1998.

Chaumery, L. y et Belizal A.: *Essai de Radiesthésie Vibratoire,* París, Editions Desforges, 1976.

Chen, Ellen M.: *The Tao Te Ching,* versión inglesa, nueva York, Paragon House Publ., 1989.

Chevreul, M. E.: *De la Varilla Adivinatoria, del Péndulo llamado Explorador y de las Mesas Giratorias,* Barcelona, España, Editorial Humanitas, 1982.

Carrel A.: *Man the unknown,* Londres, Burns & Oaetes Publ., 1961.

Clark, J. G. H.: *From savagery to civilization,* London, Cobbett Publ., 1946.

Dange, Sadashiv Ambadas: *Sexual symbolism from the vedic ritual,* Déli, Ajanta Publications, 1979.

De Groot, J. J. M.: *The Religious System of China,* Leiden, Ed. Brill, 1897.

Denning Melita & Phillips Osborne: *Lo Mágico del Sexo,* Madrid, Luis Cárcamo, Editor, 1982.

Doré, Henry: *Researches into Chinese Superstitions,* Shanghai, Edit. Tusewei Press, 1929.

D'Olivet, Antoine Fabre: *História Filosófica del Genero Humano,* Río de Janeiro, Editora Ubyassara Ltda., 1989.

Edkins, J.: *Feng Shui,* Foochow, China, Edit. Chinese Recorder and Missionary Society, 1872.

Eitel, E.J. *Feng Shui, The Science of the Sacred Landscape in Old China,* Londres, Edit. Trubner, 1873.

Ellis, Havelock.: *Studies in the Psicology of Sex.*

Enel: *Radiations des Formes et Cáncer,* París, França, Éditions Dangles, 1959.

Feuerstein, Georg: *A Sexualidade Sagrada,* São Paulo, Editora Siciliano, 1994.

Gau y Charbonell: *Notions générales et pratiques de Radiesthésie,* París, Editions-Maison de la Radiesthésie, 1983.

Gebser, Jean: *The ever present origin,* Athens, OH, Ohio University Press, 1985.

Goulart, Virgílio: *La radiestesia en 6 lecciones prácticas,* São Paulo, 1941.

Greenrock, Peter: *Sexo, la Energía Transcendental,* São Paulo, Madras Editora Ltda., 1998

Gulik, R. H. van: *Sexual Life in Ancient China.*

Gwei-Djen, Lu: *Science and Civilization in Chinn,* Cambridáe Univesity Press.

Haire, Dr. Norman: *Los Grandes Mistérios de la Sexualidad,* Porto, Editorial Inova, 2.ª edición.

Hartmann, E.: *Krankheit als Standortproblem,* Heidelberg, Alemania, Edit. Inst. Hartmann, 1969.

Henry B. C.: *The Cross and the Dragon,* Nova York, Ed. Anson Randolph, 1885.

Holcombe, Chester: *The Real Chinamnn,* Londres, Ed. Hodder & Stoughton, 1895.

Kersaint, Jean-Paul de: *Tout par la Radiesthésie,* París, Éditions Dangles, 1974.

Kinsey, Martin y otros: *Sexual Behaviour in the Human Male,* Kronhause, Phillis et. alt. Erotic Art.

Lacroix-à-L'Henri, Reneé: *Manuel Theorique et Pratique dé Radiestésie,* París, 1947: *Manuel de Radiestésie,* París, Nouvelle édition, Éditions Dangles, 1981.

La Maya, Jacques: *La médicine de l'hábitat,* St. Jean de Braye, França, Éditions Dangles, 1983.

La Maya, Jacques: *Medicina de la Habitación,* São Paulo, Editora Roca, 1994.

Leftwich, Robert H.: *Rabdomancia — A arte de detecçáo de objetos à Distância,* São Paulo, Hemus Editora Ltda.

Leprince, Albert: *Rhadiestésie Médicale,* París, France, Éditions Dangles, 1935.

Leroi-Gourhan, André: *Treasures of prehistoric art,* Nueva York, Harry N. Abrams Publ., 1972.

Loye, David: *The sphinx nnd the rainbow: brain, mind and future vision,* Shambala, Boulder CO., 1983.

Masters e Johnson: *Human Sexunl Inadequacy e Human Sexual Response.*

Mendonça, Sávio: *A Arte de Curar pela Radiestesin,* São Paulo, Editora Pensamento, 1982.

Mermet, Abade: *Abregé de ma Methode e Comment J'Opere,* París, França, 2.ª edición, 1889.

Merz, Blanche: *Les Haut-liuex Cosmo-télluriques,* Chardonne, França, 1978.

Nielsen, Greg, & Polansk, Y. Joseph: *O Poder dos Péndulos,* Río de Janeiro, Editora Record, 4.ª edición.

Osho: *Tantra, Espiritualidade e sexo,* São Paulo, Madras Editora Ltda, 1996.

Pennick, Nigel: *Las ciencias secretas de Hitler*, Madrid, España, Editorial EDAF, S.A., 1984.

Porter, L. L.: *Feng Shui: Or How The Chinese Keep in Tune with Nature*, Foochow, China, Edit. Chinese Recorder and Missionary Society, 1920.

Rajneesh, Shree Bhagwan: *Tantra, a suprema compreensão*, São Paulo, Editora Cultrix Ltda., 1975.

Rawson, Philip: *The Art of Tantra*, London, Thames and Hudson Ltd., 1978.

Reuben, Dr. David: *Everything You Always Wanted to Know about Sex (But were Afraid to Ask)*.

Ribaut, Juan: *O mistério dos Pêndulos Desvendado*, São Paulo, Editora Roca, 1981.

Rohden, Huberto: Traduçâo *Tao te King de Lao-Tse*, São Paulo, Martin Claret Editores, 9.ª edición, 1990.

Rossbach, Sarah: *Feng Shui: The Citizese Art of Placement*, Nova York, Edit. E. P. Dutton Inc., 1984.

Saevarius, E. Dr.: *Manual teórico e prático de radiestesia*, São Paulo, Editora Pensamento, 1978.

Singer, Irving: *The Goals of Human Sesuality*.

Skinner, Stephen: *The Living Earth Manual of Feng Shui*, Londres, Edit. Rout-ledge & Kegan Paul, 1982.

— *The Oracle of Geomancy*, Nueva York, Edit. Warner Books, 1977.

Smith, Piazzi: *A Magia da Pirámide*, São Paulo, Editora Aquarius, 1978.

— *La Grande Pyramide, pharaonique de nom, humanitaire de fait. Ses merveilles, ses mystéres et ses enseignements*, París, Ed. Partenon, 1865.

Stone, Merlin: *When God was a women*, Nova York, Harcourt Brace Jovanovich Publ., Harper & Row Publ., 1976.

Stopes, Marie: *Married Love.*

Tansley, D. C. David V.: *Dimensões da Radiõnica, novas técnicas de cura,* São Paulo, Editora Pensamento Ltda., 1986.

— *Radionics Science or Magic?,* Londres, Inglaterra, Edit. The C. W. Daniel Company Ltd., 1982.

Turner, F. S.: *Feng Shui,* Londres, Edit. Cornhill Magazine Ltd., 1874.

Vargas, Marilene Cristina: *Manual do Tesão e do Orgasmo,* Edit. Civilização Brasileira.

Vatzyayana: *Kama Sutra, O livro sagrado dos Brâmanes da Índia,* São Paulo, Nova Linha Editorial, 1995.

Velde, T. H. van.: *Ideal Marriage.*

Walters, Derek: *Feng Shui,* Londres, Edit. Pagoda Books, 1988.

Waring, Philippa. *Harmonia na sua vida, caminho do Feng Shui.* Porto Alegre, Edit. Kuarup, 1997.

Waring, Philippa: *The Way of Feng Shui,* Londres, Edit. Seventh Zenith Ltd., 1993.

Wheatley, Paul: *The Pivot of the Four Quarters,* Chicago, Edit. Aldine Press, 1971.

Westlake, Dr. Aubrey: *The Pattern of Health,* Londres, 1944.